新时代乡村产业振兴干部读物系列

培育乡村产品品牌

农业农村部乡村产业发展司　组编

中国农业出版社
农村读物出版社
北　京

图书在版编目（CIP）数据

培育乡村产品品牌 / 农业农村部乡村产业发展司组编 . —北京：中国农业出版社，2022.1
（新时代乡村产业振兴干部读物系列）
ISBN 978 - 7 - 109 - 28370 - 1

Ⅰ.①培…　Ⅱ.①农…　Ⅲ.①农产品－品牌战略－中国－干部教育－学习参考资料　Ⅳ.①F326.5

中国版本图书馆 CIP 数据核字（2021）第 114215 号

中国农业出版社出版

地址：北京市朝阳区麦子店街 18 号楼
邮编：100125
责任编辑：刘　伟　　文字编辑：冯英华
版式设计：王　晨　　责任校对：吴丽婷
印刷：中农印务有限公司
版次：2022 年 1 月第 1 版
印次：2022 年 1 月北京第 1 次印刷
发行：新华书店北京发行所
开本：700mm×1000mm　1/16
印张：12.75
字数：230 千字
定价：58.00 元

丛书编委会

本书编委会

主　　编　韩志辉　刘鑫淼　雍雅君
副 主 编　于润洁　周亚飞　宫晓晨　霍圆圆
参　　编（按姓氏笔画排序）
　　　　　王　民　王苏龙　王跃程　方彦明　李　全
　　　　　李小丰　杨海峥　何均国　汪新发　张京宝
　　　　　郜希君　黄昌春

序

　　民族要复兴，乡村必振兴。产业振兴是乡村振兴的重中之重。当前，全面推进乡村振兴和农业农村现代化，其根本是汇聚更多资源要素，拓展农业多种功能，提升乡村多元价值，壮大县域乡村富民产业。国务院印发《关于促进乡村产业振兴的指导意见》，农业农村部印发《全国乡村产业发展规划（2020—2021年)》，需要进一步统一思想认识、推进措施落实。只有聚集更多力量、更多资源、更多主体支持乡村产业振兴，只有乡村产业主体队伍、参与队伍、支持队伍等壮大了，行动起来了，乡村产业振兴才有基础、才有希望。

　　乡村产业根植于县域，以农业农村资源为依托，以农民为主体，以农村一二三产业融合发展为路径，地域特色鲜明、创新创业活跃、业态类型丰富、利益联结紧密，是提升农业、繁荣农村、富裕农民的产业。当前，一批彰显地域特色、体现乡村气息、承载乡村价值、适应现代需要的乡村产业，正在广阔天地中不断成长、蓄势待发。

　　近年来，全国农村一二三产业融合水平稳步提升，农产品加工业持续发展，乡村特色产业加快发展，乡村休闲旅游业蓬勃发展，农村创业创新持续推进。促进乡村产业振兴，基层干部和广大经营者迫切需要相关知识启发思维、开阔视野、提升水平，"新时代乡村产业振兴干部读物系列""乡村产业振兴八大案例"便应运而生。丛书由农业农村部乡村产业发展司组织全国相关专家学者编写，以乡村产业振兴各级相关部门领导干部为主要读者对象，从乡村产业振兴总论、现代种养业、农产品加工流通业、乡土特色产业、乡村休闲旅游业、乡村服务业等方面介绍了基本知识和理论、以往好的经验做法，同时收集了脱贫典型案例、种养典型案例、融合典型案例、品牌典型案例、园区典型案例、休闲农业典型案例、农村电商典型案例、抱团发展典型案例等，为今后工作提供了新思路、新方法、新案例，是一套集理论性、知识性和指导性于一体的经典之作。

丛书针对目前乡村产业振兴面临的时代需求、发展需求和社会需求，层层递进、逐步升华、全面覆盖，为读者提供了贴近社会发展、实用直观的知识体系。丛书紧扣中央三农工作部署，组织编写专家和编辑人员深入生产一线调研考察，力求切实解决实际问题，为读者答疑解惑，并从传统农业向规模化、特色化、品牌化方向转变展开编写，更全面、精准地满足当今乡村产业发展的新需求。

发展壮大乡村富民产业，是一项功在当代、利在千秋、使命光荣的历史任务。我们要认真学习贯彻习近平总书记关于三农工作重要论述，贯彻落实党中央、国务院的决策部署，锐意进取，攻坚克难，培育壮大乡村产业，为全面推进乡村振兴和加快农业农村现代化奠定坚实基础。

农业农村部总农艺师

前　言

　　党的十九大提出了乡村振兴战略，提出了"产业兴旺、生态宜居、乡风文明、治理有效、生活富裕"的战略总要求。乡村振兴，产业兴旺是基础。乡村产业旺起来，农民得实惠，政府得民心。乡村产业发展从未像今天这样万众瞩目，也从未像今天这样飞速发展。

　　品牌提升农业产业价值，实现乡村产业兴旺。品牌根植于县域，依托农村资源，能让农民得到实惠，提升获得感和幸福感。产业兴旺的重点是如何提升农村资源的价值，首要是提升农业产业（粮食、经济作物、畜牧业）的资源价值。农业产业化、规模化、自动化已经改变了农村产业格局，新型的乡村产业将依托于农业产业的规范化、价值化和品牌化。其中，品牌化是实现乡村产业规范化、价值化的依托和保障。

　　品牌拉动农业产业链整体发展，打造产业核心竞争力。乡村产业兴旺，离不开一二三产业的融合发展。对于农业产业链而言，若打开了市场出口，实现了品牌的高价值成长，则产业链前端的种植、加工等环节亦能共享利润。在当前的新经济时代，农业产业链的市场出口就是品牌。品牌是价值的表达、是消费者的记忆、是选购的线索。只有通过品牌掌控市场，才能拉动整个农业产业链发展。

　　品牌化倒逼乡村聚焦主导产业，推动区域经济增长。农产

1

品本身具有很强的季节性、区域性和分散性，全国不同区域都有独特的农业产业。如何实现本区域的产业兴旺，一个重要的原则就是要聚焦产业。只有立足特色主导产业，形成一定规模，打造区域农产品品牌，才能最终形成区域产业优势，推动区域经济增长。

双定位战略是打造品牌的着力点。在新经济时代，互联网实现了消费者与供给者之间更多的沟通，新技术创造了更多新产品。品牌双定位理论基于新经济从商业本质思考，是一套由内而外的品牌定位逻辑：从供给侧和消费侧双向创新，从品类定位和价值定位两方面全新定位，互为支撑，保证品牌战略定位精准有效。

本书在编写过程中有农业经济专家把握产业方向，有品牌专家构建理论体系，有商业模式专家创新模式。更为重要的是，书中这套系统理论工具历经了十多年的实践，服务企业成功打造出多个高价值品牌，服务政府成功打造多个农业区域公用品牌，推动了区域经济增长。

面对新时代的新形势，我们砥砺前行，不断创新、学习和总结，希望广大读者提出宝贵的意见和建议。

本书顺利编写完成，要特别感谢奋战在农业品牌一线的相关领导和专家，他们是《新时代乡村产业振兴干部读物系列》的编委会专家成员。同时，要感谢本书编辑团队夜以继日地辛苦工作和无私奉献，他们是：品牌战略专家、农业农村部农产品加工业专家委员会专家委员、光华博思特营销咨询机构总裁韩志辉博士，农业品牌专家、中国品牌农业战略推进中心主任、中国食品报网"品牌农业"专栏执行主编、中国农业大学农业文化研究中心副秘书长、清华大学美丽乡村公益基金智库专家刘鑫淼，品牌定位专家、品牌双定位理论创始人、光华博思特营销咨询机构品牌总监雍雅君，农业区域公用品牌专家、光华博思特营销咨询机构执行总监宫晓晨，商业模式专家、光华博思特营销咨询机构策略总监于润洁。除此之外本书部分内容和数据摘自网络，难以查明原出处，在此也一并谢过。如对本书内容有任何疑问，欢迎与我们联系。

　　最后，希望本书能对乡村产业振兴的参与者们有所裨益，更希望本书能为我国乡村振兴、产业兴旺和农业品牌化战略尽绵薄之力。

编　者

2021 年 3 月

目　录

1

第一章
乡村产品品牌概述

乡村产品品牌涵盖农业区域公用品牌和企业品牌两大类别，具有标准化、可识别、可追溯、高价值四大特征；乡村产品品牌建设对于提升农产品价值、实现产业升级和塑造文化自信有着重要作用；十多年来，中央多份文件表现了政府对农业品牌化建设的重视；农业农村部也陆续出台百强区域公用品牌、特色农产品优势区及国家农业品牌目录制度建设等系列措施，大力推动了农业品牌化建设。

第一节　乡村产品品牌基本概念与特征

一、乡村产品品牌的基本概念

乡村产品品牌主要用于乡村出产的产品或服务上，是用以区别于其他同类和类似产品或服务的显著标记。乡村产品品牌以提供的农产品、文旅产品或服务在品种、质量、产地、产业、文化等上的差异为基础，以商标、口号、包装、形象等为主要表现形式。

广义上说乡村产品品牌具有公共属性和私有属性，包含农业区域公用品牌、农业企业品牌、农产品品牌。其中，农业区域公用品牌又包括单一产业农产品区域公用品牌、综合性全域农业区域公用品牌。农业服务业品牌又可分为乡村旅游产品品牌、乡村节庆活动品牌、乡村文创产品品牌。

具体乡村产品品牌基本架构如图 1-1 所示。

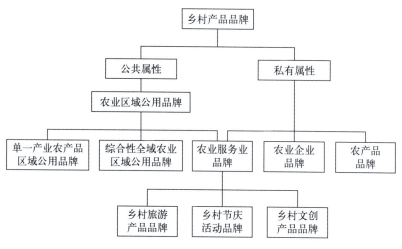

图 1-1 乡村产品品牌基本架构

（一）农业区域公用品牌

农业区域公用品牌，是具有公共属性的公共品牌，在注册层面为集体商标或证明商标。农业区域公用品牌主要包含单一产业农产品区域公用品牌、综合性全域农业区域公用品牌、农业服务业品牌三种形式。

1. 单一产业农产品区域公用品牌 单一产业农产品区域公用品牌是指在一个具有特定自然生态环境、历史人文因素的区域内，由政府或相关行业协会持有，由若干农业生产经营者共同使用的农业品牌。该类品牌名称由"产地名＋产品名"构成，产地一般为县级或地市级，注册商标的性质一般体现为集体商标或证明商标，如：信阳毛尖、平谷大桃、章丘大葱、抚松人参、泰山茶等。

2. 综合性全域农业区域公用品牌 综合性全域农业区域公用品牌是指涵盖该地区多个产业、多种产品的综合性、服务类农业品牌。该类品牌名称中一般含有地域名称，注册商标的性质同样体现为集体商标或证明商标。

目前，单一产业农产品区域公用品牌和综合性全域农业区域公用品牌这两种形式是对我国农业品牌建设工作的一种探索和尝试，都具有重要的实践价值和参考意义。两者相比，单一产业农产品区域公用品牌模式，明确指向单一产业，好区分、好传播、好记忆，比综合性全域农业区域公用品牌模式更成熟，更容易执行落地。综合性全域农业区域公用品牌模式虽然也是农业品牌建设的一种模式，但从全国范围来看可以复制的成功案例比较少。对此，给出两个建议：一是，综合性全域农业区域公用品牌应打造成一个平台，平台之下再打造系列单一产业农产品区域公用品牌。地方政府应每年主打一个最多不超过两个农产品区域公用品牌的综合性全域农业区域公用品牌。同时，可以把综合性全域农业区域公用品牌模式视为企业品牌，由企业运营，并主打系列企业产品品牌。为了推动地方产业发展，一定要落地在具体产业上。

3. 农业服务业品牌　农业服务业品牌包含乡村旅游产品品牌、乡村节庆活动品牌、乡村文创产品品牌等。

（1）乡村旅游产品品牌。乡村旅游是在乡村地区，以乡土人文、优良生态、民宿和户外出行等为特色，吸引游客前来观光、学习、体验、休闲等的生态旅游形式。乡村旅游的产品类型包括生态观光型、民俗文化型、民宿体验型、研学体验型、时尚运动型、康养健身型和会务拓展型等。以此类产品为基础打造的品牌，称为乡村旅游产品品牌。如，北京平谷桃花节、浙江临安的民宿、江苏苏州的水乡风情、吉林长白山的雪乡等。乡村旅游进入了政府指导、社会参与、乡村充分发挥自主性的强品牌、高品质发展新时代。

（2）乡村节庆活动品牌。许多地方有着历史悠久的特色节庆活动，如查干湖冬捕、长白山人参开秤仪式等。这些地方继承历史活动，将其发展成了推动乡村特色产业发展的节庆活动品牌，并进行品牌化运作。有的区域利用现代农业的产业优势进行多产业融合、跨产业发展，开发出覆盖多产业的节庆活动农业区域公用品牌，如湛江水产美食节、查干湖冰雪渔猎文化旅游节等。

（3）乡村文创产品品牌。乡村文创产品品牌指的是基于以乡村文化为题材的各类文创产品建立的品牌。农村作为我国传统文明的发源地，乡村文化源远流长。无论是数千年来代代传承的技艺文化、风土人情，观念信仰，还是根植于乡村的饮食风俗均可深入挖掘，建立乡村文创产品品牌。近年来，不少地方通过挖掘乡村文化进行文创产品的设计开发，创造出的乡村文创产品品牌既能传播乡村文化，又能提高乡村旅游品质，还能促进本地农产品的销售。

例如，掌生谷粒品牌在台湾创办，2009 年该品牌入围网络人气卖家 100 强。掌生谷粒注重产品打造，不同于传统按重量计数的廉价农产品之处在于销售产品的同时增加了大量人文内涵。掌生谷粒品牌因其精美的有文化底蕴的外包装设计让大米成为一种轻奢礼品，增加了其附加值（图 1-2）。

图 1-2　掌生谷粒品牌的文创产品

（二）农业企业品牌

农业企业品牌是指涉农企业用于区分其他竞争者的名称、商标、符号及术语等元素的综合表现。农业企业品牌传达的是农业企业的经营理念、文化、价值观念及对消费者的态度等，能帮助企业有效突破地区壁垒，进行跨地区的经营活动。并且为企业各个不同产品或服务提供一个统一的品牌形象，统一的承诺，使不同的产品之间形成关联，统合了企业的产品品牌资源。

（三）农产品品牌

农产品品牌是涉农企业用于包装和区分其他竞争者产品的注册商标。农产品品牌一般表现为一个识别标志，是企业所属产品的核心价值体现。农产品品牌是对农产品而言，包含两个层次的含义：一是指农产品的名称、定位、广告语、设计等方面的统一；二是代表有关农产品的一系列附加值，包含功能和心理两方面的附加值，如产品所能代表的功效、品味、形式、价格、便利、服务等。一家大型企业在拥有自身企业品牌的同时，往往会根据产品类型，推出不同品类的产品品牌，进而在多个细分市场上获得品牌附加值，如中粮集团在"中粮"这个企业品牌旗下，有蒙牛、长城等几十个子企业品牌和福临门大米、香雪面粉等几百个产品品牌。

二、乡村产品品牌的主要特征

（一）可识别

品牌化的农产品，消费者可以从品牌标志、形象、理念、产品包装、产品品质等各个方面来识别，从而判断这个品牌的产品是否满足自己的需求。通过对国内的二三线市场调研发现，大部分农产品还存在无产地、无生产日期、无标识的"三无"状态，产品价值低，安全无保证；而品牌化的农产品可以打消消费者的顾虑，让消费者轻而易举地在琳琅满目的同类产品中选出自己信赖和满意的产品。比如购买大米，消费者为了吃得安全、吃得健康，一般不会选择市场上无品牌的散货，而是选择诸如中粮、金龙鱼、福临门甚至是京东自营等品牌的产品。

（二）标准化

长期以来，乡村产品尤其是农产品难以像工业品一样实现标准化生产。随着消费升级、食品安全要求提高和电商时代到来，越是规范化的市场越需要标准化的产品。标准化成为塑造农业品牌的基本要求，好的农业品牌具备种植标准、加工标准、产品标准等一系列标准，并通过国内外各类标准认证系统，从而获得市场准入门槛（图1-3）。

SC/QS食品安全许可证
食品进入市场的有效通行证

ISO22000
控制食品安全危害能力的权威凭证

HACCP认证
食品在生产过程中的安全认证

BRC认证
英国零售商协会 加强全球食品安全

IFS国际食品标准
食品供应商质量体系审核标准

有机产品认证
满足国内绿色环保的消费需求

有机食品认证
打通"绿色壁垒"提高产品竞争力

绿色食品标志
证明食品无污染安全/优质/营养的标志

图1-3　国内外产品标准化的各类认证

（三）可追溯

可追溯是一种还原农产品生产全过程和应用历史轨迹以及发生场所、销售渠道的能力，以发现产业供应链的最终端，也就是有迹可循。品牌化的产品都需要有明确的生产厂家和产品信息，消费者可以直接根据这些信息进行追溯查询，判定产品是否安全、是否具备高价值。现在，很多农产品企业都在积极建设可追溯系统，以赢得消费者的信任和青睐（图1-4）。

图1-4　京东追溯系统合作证书

（四）高收益

不管是消费者选择品牌，还是企业建设品牌，为的都是获得品牌带来的高收益。消费者选择品牌农产品，可以减少对食品安全的顾虑，从而满足消费升级带来的高品质、个性化、更健康、有品位的消费需求。企业建设品牌是为了获得高附加值。长期以来，严重同质化的产品经营已经使得企业无利可图，做品牌、做高端已成为众多企业的不二之选（图1-5）。

图1-5　花生油品牌价值升级过程示意

第二节　乡村产品品牌与乡村产业振兴

一、品牌强农与乡村产业振兴

(一) 品牌强农，助力乡村产品价值升级

以往大量农产品往往缺少品牌附加值，无法利用产品、产地、文化等存在的固有优势，更没有建立起牢固的、差异化的品牌"护城河"，导致同一产品中品牌产品与非品牌产品、小品牌产品与大品牌产品价格往往有十倍乃至上百倍的差距。例如，韩国正官庄品牌红参可以卖到一支 250 元，而普通中国厂家的红参只能卖到一支 25 元，正官庄"天字号"高端系列品牌红参更卖到一支 2 000 元以上。虽然目前正官庄的大部分原料供应都来自中国乃至加工也在中国进行，但并未降低其品牌附加值（图 1-6）。

图 1-6　正官庄"天字号"高端系列品牌红参京东销售页面

在目前消费升级的整体环境下，消费者更需要依靠品牌来获得健康、放心的农产品。农业企业对品牌的宣传有助于提高消费者的品牌观念，引导消费者根据品牌来分辨产品质量以及规避购物风险。农业区域公用品牌则因为代表了该地区的产品价值，从而产生更广泛的品牌效应，成为高附加值产品的有效背书，为企业甚至整个区域带来更高的品牌价值。在建设区域公用品牌的过程中，政府对企业进行引导与监督，不断促进区域特色农产品品牌整合，帮助企业提升核心竞争力和品牌形象。

品牌的整体规划与塑造对于农产品品牌有着重要影响，具体包括：设计与地方特色一致内涵的品牌标识、主形象、LOGO、包装、电子识别系统等，在各个经营环节打造体系一致的品牌内涵，树立良好的外部品牌形象；开展顾客沉浸体验模式，形成良好的口碑，获得公众的信任、支持与赞许；建立一体化协同的品牌传播网络矩阵。在农产品品牌塑造时，除了传统的广告、促销、公共关系等传播手段外，还要建立互联网环境下的传播战略，通过特色域名、新媒体账号、搜索引擎、网络社区、多种网络广告形式等手段，全面展示农产品品牌形象，让消费者充分参与，了解产品品牌的特性，产生良好的品牌体验。

以褚橙为例，2012 年前，由于规模小、品牌不健全、流动资金有限等问题，褚橙一直无法得到外地市场认可，只能作为普通冰糖橙低价销售，甚至一度退出沃尔玛超市系统。褚时健投入大量资本，包括修建足球场大小的水池用于果园灌溉，建设有机肥料厂、冷库、鲜果厂、修路、雇用大量工人等。2012 年，本来生活网加入褚橙营销商业生态系统后，运用买手制、讲品牌故事（将褚橙塑造为"励志橙"等）以及新浪微博等新媒体营销方法为褚橙带来了新活力。不仅将褚橙打造成网络畅销款，带动了线下销售，还改变了褚橙原有营销渠道和市场结构，完成互联网时代的褚橙营销系统及品牌价值再造。2013 年，本来生活网充分利用"双十一"的营销节点，"双十一"当天销售量比 2012 年全年还高出 20 万千克，2015 年褚橙全年总销量达到 1 200 万千克。应该说，褚橙的成功是借助互联网的力量，但更重要的是其重视品牌建设，打好质量基础，采取优价策略，加强渠道管理，善于利用互联网营销以及正确理解线上线下销售关系。

（二）品牌强农，助力产业升级

世界范围内农业竞争的本质是价值的竞争，农业产业链的价值分配呈现"微笑曲线"特征，科技化和品牌化是占据产业制高点的关键。目前，拥有先进技术和成熟市场的国家处于农业价值链的两端，瓜分了产业链的大部分附加值。发展中国家因科技水平较低，只能依靠廉价的人力资源和初级产品来参与农业的国际分工，处于附加值最低的产业链中间环节。而我国农业产业价值链表现出明显的短、窄、薄特点，大多都处于微笑曲线的谷底。我国正处于由传统农业向现代农业转型的关键时期，从价值链的角度来说，无论是初级农产品结构优化、良种培育、生产种植、农资生产、农机制造的产业链前向延伸，还是初级农产品生产、初加工、精深加工、农产品销售以及农产品品牌化营销的产业链后向延伸都不够长。未来，我国农业现代化与农业产业化升级的主要目标见图1-7。

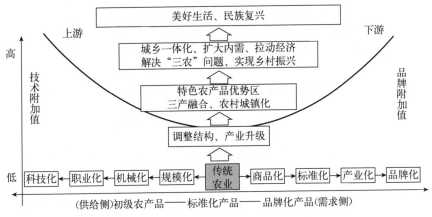

图1-7 我国农业现代化与农业产业化升级的主要目标

我国农业产业化升级的基本路线是上下游产业延伸和三产融合(图1-8)。农业产业延伸的过程，就是实现科技化创新、专业化生产、规模化种养、标准化控制、产业化经营、品牌化销售、社会化服务的过程，就是借用工业化理念来指导发展农业的过程。

1. 向上游延伸 向上游延伸即向上游科技化方向延伸，走规模化、机械化、职业化、科技化路线，主要路径有产业结构升级、品种或技术创新等，实现产业布局区域化、经营规模化、生产机械化、技术集成化、农民职业化、发展绿色化。

2. 向下游延伸 向下游延伸即向下游品牌化方向延伸，走商品化、标准化、产业化、品牌化路线，主要路径有农产品精深加工、提供特色商品与服务等，实现产品商品化、商品标准化、营销品牌化。

3. 三产融合 三产融合即一产二产三产融合发展，走三产融合路线，主要路径有农文旅融合等，实现涉农组织与个人的存在感、参与感、幸福感和优越感。

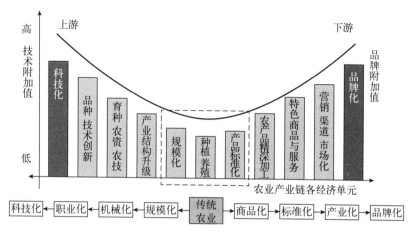

图1-8 我国农业产业化升级的基本路线

根据这一路径，我们需要更加重视农业产业链延伸，以生态链为纽带，统筹融合一二三产业，提升农产品附加值；改变现有的以原材料及初级产品为主要商品的销售形式，稳步推进产业链延伸，走精深加工和品牌化的运营发展道路；着重提升产品的附加值，把优质农产品作为一个完整的产业链对待，不断拉长、加宽、增厚，发展一条符合当地实际的农产品产业链；发展精深加工，珍惜、敬畏天然资源带来的特色农产品，把种植和养殖作为加工企业重要的"原料车间"和周边市民的观光休闲农场来培育，巩固产业链，逐步走出一条健康持续的产业发展之路；充分发挥现有市场资源和电商平台作用，努力培育多元化农产品电子商务市场主体，大力发展农产品电子商务；依托当地农产品电商平台、农产品商城等，加快打造"互联网＋"的农业经济新业态、新模式；依托电商平台，积极对电商运营主体进行培训，培育孵化电商主体；大力推广农业物联网技术，健全完善农产品安全质量追溯平台，积极整合生产信息监测及服务等资源，建立生产信息大数据库，为农业生产提供全方位信息服务，推动传统农业向数字农业、智慧农业发展。

（三）品牌强农，重塑文化自信

文化是一个民族屹立于世界的重要根基，文化不是孤立的，比如农业文化在乡村农特产品、乡村民间艺术等方面都有体现。在如今农业品牌化的历史大潮中，利用中华五千年农业文化的巨大优势为乡村品牌有效赋能，可以增强人民的文化自信。

1. 五千年中华农耕文明源远流长　国际公认的四大农业文明古国有古巴比伦、古埃及、古印度和古中国。四大文明古国中只有中国文明源远流长，未经断代而绵延至今。而且，从上古时代的 2 000 多万人发展到当前 14 亿人的规模，成了全世界人口最多的国家，这与我国独特的农耕文明是密不可分的。

从春秋战国时期，"耕读传家"开始成为中国农耕文化的重要代表。农家学派许行依托远古神农氏"教民农耕"之言，主张"种粟而后食""贤者与民并耕而食，饔飧而治"，带领门徒数十人，穿粗麻短衣，在江汉间打草织席为生。从此，中国出现了提倡"耕读传家"的家训，以耕读为荣。例如，《颜氏家训》提出"要当稼穑而食，桑麻以衣"，张履祥在《训子语》里说"读而废耕，饥寒交至；耕而废读，礼仪遂亡"[*]。

"耕读传家"的传统和后来的科举制度，让统治阶层和平民阶层形成了良好的流动机制。中国的文官阶层，很多出生于农家，也让整个统治集团比较"接地气"。懂得稼穑之难的文官队伍更懂得官民鱼水的关系，更有利于大国的有效治理。

"耕读传家"的文化传统发展起来了一整套精耕细作、用地养地的技术体系，并在农艺、农具、土地利用率和土地生产率等方面长期领先于世界各国[**]。中国几千年来经历了无数次天灾人祸，在这么多灾害面前，华夏民族也经历了无数次人口大迁徙和民族大融合，即使农业生产遭受巨大破坏，由于有精耕细作的技术体系和重农安民的优良传统，每次社会动荡之后，农业生产都能在较短时期内得以复苏和

---

　[*] 邹德秀，1996. 中国的"耕读文化"［J］. 中国农史（4）：61 - 63.

　[**] 胡泽学，李琦珂，2015. 关于中华农耕文化现实价值的思考［J］. 古今农业（2）：100 - 110.

发展，这在一定程度上保证了中华文化绵延不断、长盛不衰。

2. 地大物博，文化多样性赋能乡村产品品牌 我国拥有世界上最复杂多样的地理环境。地形东西分为三大阶梯，南北纵跨 50 个纬度，东西横跨 60 个经度，南北温差近 50 ℃，东西年降水相差几千毫米，山脉和河流走向也多种多样。受地形和气候的影响，全国各地土地资源的差异性也非常大。山、河、湖、海、林、泽、丘、塬、平原、盆地、草原、荒漠，甚至包括亚热带雨林和冲积平原，在我国样样都有。东部是季风区，雨热同期，土壤肥沃，生产力高，集中了全国 90％左右的耕地和林地。西北内陆是大陆性气候，光照充足，热量较为丰富，但干旱少雨、水源不足，以草地和荒漠为主。青藏高原地区光照充足，但热量不足，属高寒地区。

地形的多样性、气候的复杂性，多样叠加，造就了我国全世界独一无二的地理环境多样性和生物资源多样性。不同的地理环境和生物资源，使各区域内人们的生活方式与思想观念有很大不同，造就了丰富多样的民族习惯和农村文化民俗。这是华夏大地留给我们最宝贵的自然资产。在服从国家整体农业布局调整的同时，我国各地可以立足比较有优势的资源，有选择、有重点地发展当地优势产业，适度分工、合理布局。

例如，四川省巴中市的非物质文化资源共有 16 个大类 169 个子项，分别为民间语言、民间文学、民间美术、民间音乐、民间舞蹈、民间戏曲、民间曲艺、民间杂技、民间手工技艺、生产商贸习俗、消费习俗、人生礼俗、岁时节令、民间信仰、民间知识、游艺体育与竞技等。除了国家级非物质文化遗产"巴山背二歌""翻山铰子"，巴中市还有"十里坪""正月十六登高节""川剧玩友""爨坛戏""叶雕""蜀绣"等非物质文化遗产项目。由于生态环境良好，巴中还拥有通江银耳、南江黄羊、通江青峪猪、空山核桃、大罗黄花等几十种特色农产品。这些农产品共同构成富有秦巴文化特色的"巴食巴适"区域公用品牌，成为秦巴山区、四川地区的代表品牌。

又如拥有红色记忆的洪湖市，人们传唱了几十年"人人都说天堂美，怎比我洪湖鱼米乡"。在水产区域公用品牌打造的过程中，就充分借势了洪湖赤卫队的经典人物——韩英，进行了 IP 再造，塑造了韩英满载鱼虾归来的品牌主视觉，一举抓住人心（图 1-9）。

图 1-9　洪湖的红色记忆与洪湖水产区域公用品牌

3. 中国对于全球重要农业文化遗产的贡献　全球重要农业文化遗产（Globally Important Agricultural Heritage Systems, GIAHS）是联合国粮食及农业组织（FAO）在全球环境基金（GEF）支持下，联合有关国际组织和国家，于 2002 年发起的一个大型项目，在概念上等同于世界文化遗产。FAO 将其定义为："农村与其所处环境长期协同进化和动态适应下所形成的独特的土地利用系统和农业景观，这种系统与景观具有丰富的生物多样性，而且可以满足当地社会经济与文化发展的需要，有利于促进区域可持续发展。"该项目旨在建立全球重要农业文化遗产及其有关的景观、生物多样性、知识和文化保护体系，并在世界范围内得到认可与保护，使之成为可持续管理的基础。该项目将努力促进地区和全球范围内对农民和少数民族关于自然和环境的传统知识和管理经验的更好认识，并运用这些知识和经验应对当代发展所面临的挑战，特别是促进可持续农业的振兴和农村发展目标的实现[*]。

中国是最早响应并积极参加全球重要农业文化遗产项目的国家之一，并在项目执行中发挥了重要作用（图 1-10）。截至 2018 年，我国已有 15 个传统农业系统被 FAO 认定为全球重要农业文化遗产

---

[*]　李明，王思明，2012. 农业文化遗产：保护什么与怎样保护 [J]．中国农史（2）：119-129.

(GIAHS)，总数量、覆盖类型均居世界之首，成为点亮世界农业文明的璀璨明珠，也为全球生态农业的发展贡献了中国智慧。这些来自中国文化遗产所在地的丝绸制品、茶叶、生态稻米和特色农业文化展示再次展现了中华农业文明，折射出了中国生态文明的魅力。同时，中国国家层面上同步启动了中国重要农业文化遗产认证工作，从2012 年农业部部署开展中国重要农业文化遗产发掘工作开始，截至2019 年 12 月 31 日共认定了 5 批 118 个中国重要农业文化遗产，相关分类如下：农田景观类农业文化遗产、复合系统类农业文化遗产、农作物品种类农业文化遗产、蔬菜与瓜类农业文化遗产、茶叶类农业文化遗产、林果类农业文化遗产、特产类农业文化遗产、农田灌溉类农业文化遗产、动物养殖类农业文化遗产[*]。

图 1-10 屈冬玉在"全球重要农业文化遗产"主题展上
致辞及中国重要农业文化遗产 LOGO

二、中央 1 号文件与农业品牌

随着农业品牌化深入，中央 1 号文件持续关注农业品牌，相关内容见表 1-1。

---

[*] 牟娅，于婧，2018. 中国重要农业文化遗产空间分布特征研究〔J〕. 湖北农业科学（19）：103-107.

表 1－1　2004—2020 年中央 1 号文件涉及农业品牌相关内容

年份	文件名称	涉及农业品牌相关内容及述评
2004	《中共中央、国务院关于促进农民增加收入若干政策的意见》	文件指出：要加快实施优势农产品区域布局规划，充分发挥各地的比较优势，继续调整农业区域布局；培育农产品营销主体；扩大优势农产品出口；进一步加强农业标准化工作，深入开展农业标准化示范区建设；推行农产品原产地标记制度
2005	《中共中央、国务院关于进一步加强农村工作提高农业综合生产能力若干政策的意见》	文件指出：发挥区域比较优势，建设农产品产业带，发展特色农业；建设特色农业标准化示范基地，筛选、繁育优良品种，把传统生产方式与现代技术结合起来，提升特色农产品的品质和生产水平；各地和有关部门要专门制定规划，明确相关政策，加快发展特色农业；加大对特色农产品的保护力度，加快推行原产地等标识制度，维护原产地生产经营者的合法权益；整合特色农产品品牌，支持做大做强名牌产品；提高农产品国际竞争力，促进优势农产品出口，扩大农业对外开放
2006	《中共中央、国务院关于推进社会主义新农村建设的若干意见》	文件指出：推进"一村一品"，实现增质增效；加快建设优势农产品产业带，积极发展特色农业、绿色食品和生态农业，保护农产品知名品牌，培育壮大主导产业
2007	《中共中央、国务院关于积极发展现代农业扎实推进社会主义新农村建设的若干意见》	文件指出：搞好无公害农产品、绿色食品、有机食品认证，依法保护农产品注册商标、地理标志和知名品牌，支持农产品出口企业在国外市场注册品牌。 从这里可以看出，在 1 号文件中，除了"三品一标"，中央对农业品牌化的关注范围已开始扩展到"农产品注册商标、知名品牌"等领域
2008	《中共中央、国务院关于切实加强农业基础建设进一步促进农业发展农民增收的若干意见》	文件指出：积极发展绿色食品和有机食品，培育名牌农产品，加强农产品地理标志保护。 另外值得关注的是，在该文件中，农产品质量安全工作、农业标准化、名牌农产品培育在同一工作内容部分中出现，已显现出三者关联越来越紧密

（续）

年份	文件名称	涉及农业品牌相关内容及述评
2009	《中共中央、国务院关于 2009 年促进农业稳定发展农民持续增收的若干意见》	文件指出：推动龙头企业、农业专业合作社、专业大户等率先实行标准化生产，支持建设绿色和有机农产品生产基地。 从中可以看出，农业品牌化的进程得到进一步深化和加强，农业标准化是实现品牌化的必经之路
2010	《中共中央、国务院关于加大统筹城乡发展力度进一步夯实农业农村发展基础的若干意见》	文件指出：积极发展无公害农产品、绿色食品、有机农产品；大力培育农村经纪人，充分运用地理标志和农产品商标促进特色农业发展。 2010 年，国家工商行政管理总局认真贯彻落实中央 1 号文件精神，加大农产品商标和地理标志的注册保护力度，积极推进商标富农工作，着力培育一批具有国际竞争力的地理标志、农产品商标，支持鼓励以特色产业带动农业产业结构调整。截至 2010 年底，累计核准注册农产品商标 95 万件、地理标志 1 040件
2011	《中共中央、国务院关于加快水利改革发展的决定》	突出加强农田水利等薄弱环节建设
2012	《中共中央、国务院关于加快推进农业科技创新持续增强农产品供给保障能力的若干意见》	主题为"加快推进农业科技创新，持续增强农产品供给保障能力"，着重指出："强科技保发展、强生产保供给、强民生保稳定"。 关于农产品市场流通环节，该文件对加强流通设施建设、创新流通方式、完善市场调控作出了具体部署，明确要求培育具有全国性和地方特色的农产品展会品牌。这一举措为众多农产品品牌提供了展现舞台和市场流通保障
2013	《中共中央、国务院关于加快发展现代农业进一步增强农村发展活力的若干意见》	聚焦"加快发展现代农业"，为现代农业发展按下快捷键。 该文件提出：深入实施商标富农工程，强化农产品地理标志和商标保护；增加扶持农业产业化资金，支持龙头企业建设原料基地、节能减排、培育品牌。 最受人关注的是，在该文件中，"家庭农场"的概念首次被提出，同时被提出的还有"适度规模经营"，彰显了我国发展现代农业的政策倾向

（续）

年份	文件名称	涉及农业品牌相关内容及述评
2014	《中共中央、国务院关于全面深化农村改革加快推进农业现代化的若干意见》	继续聚焦"农业基础地位，加快发展现代农业"。该文件提出：强化农业支持保护制度，建立农业可持续发展长效机制；加快推进农业现代化，构建新型农业经营体系。 其中值得注意的是，"强化农业支持保护制度"在文件第二部分中占据了33条中的8条，是1号文件8个部分中篇幅最大、着墨最多的，可见中央对其重视程度，目的就是保证农产品市场竞争力和品牌生产力
2015	《中共中央、国务院关于加大改革创新力度加快农业现代化建设的若干意见》	首次提出，要把追求产量为主，转到数量、质量、效益并重上来；首次提及，要推进农村一二三产业融合发展，通过延长农业产业链、提高农业附加值促进农民增收。在"提升农产品质量和食品安全水平"部分，该文件则明确指出：大力发展名特优新农产品，培育知名品牌
2016	《中共中央、国务院关于落实发展新理念加快农业现代化实现全面小康目标的若干意见》	农业供给侧结构性改革首次被写进中央1号文件。文件指出：目前我国农产品数量上供大于求，质量上难以满足广大民众需求的现象较为普遍，这些问题相当一部分出在农业供给侧方面。农业转型升级要从农业供给侧入手，调整农业产业结构，提高农产品质量，增加有效供给，是解决"三农"问题重要的着力点。此外，"发展新理念"首次被写入中央1号文件，同时该文件还强调"农业绿色发展"，并提出"产业融合作为农民收入持续较快增长手段"。 关于农业品牌化方面，2016年中央1号文件作出"实施食品安全战略"的部署，强调要创建优质农产品和食品品牌；对于农产品"接二连三"，文件也明确指出：推动农产品加工业转型升级，培育一批农产品精深加工领军企业和国内外知名品牌
2017	《中共中央、国务院关于深入推进农业供给侧结构性改革加快培育农业农村发展新动能的若干意见》	文件指出：支持新型农业经营主体申请"三品一标"认证，推进农产品商标注册便利化，强化品牌保护

（续）

年份	文件名称	涉及农业品牌相关内容及述评
2018	《中共中央、国务院关于实施乡村振兴战略的意见》	文件指出：制定和实施国家质量兴农战略规划，建立健全质量兴农评价体系、政策体系、工作体系和考核体系。深入推进农业绿色化、优质化、特色化、品牌化，调整优化农业生产力布局，推动农业由增产导向转向提质导向。 值得关注的是，该文件着重指出"坚持抓产业必须抓质量，抓质量必须树品牌，坚定不移推进质量兴农、品牌强农，提高农业绿色化、优质化、特色化、品牌化水平"
2019	《中共中央、国务院关于坚持农业农村优先发展做好"三农"工作的若干意见》	文件指出：因地制宜发展多样性特色农业，倡导"一村一品""一县一业"。积极发展果菜茶、食用菌、杂粮杂豆、薯类、中药材、特色养殖、林特花卉苗木等产业。支持建设一批特色农产品优势区，创新发展具有民族和地域特色的乡村手工业，大力挖掘农村能工巧匠，培育一批家庭场、手工作坊、乡村车间。健全特色农产品质量标准体系，强化农产品地理标志和商标保护，创响一批"土字号""乡字号"特色产品品牌。 特别指出：要大力发展现代农产品加工业。以"粮头食尾""农头工尾"为抓手，支持主产区依托县域形成农产品加工产业集群，尽可能把产业链留在县域，改变农村卖原料、城市搞加工的格局。支持发展适合家庭农场和农民合作社经营的农产品初加工，支持县域发展农产品精深加工，建成一批农产品专业村镇和加工强县
2020	《中共中央、国务院关于抓好"三农"领域重点工作确保如期实现全面小康的意见》	文件指出：继续调整优化农业结构，加强绿色食品、有机农产品、地理标志农产品认证和管理，打造地方知名农产品品牌，增加优质绿色农产品供给

第三节　乡村产品品牌建设的总体布局

　　品牌是企业乃至国家竞争力的综合体现，也是参与经济全球化的重要资源。十八大以来，中共中央、国务院高度重视品牌建设，提出

"品牌强国"的国家发展战略。

2016 年 12 月 31 日，中共中央、国务院发布 2017 年中央 1 号文件，"推进农产品区域公用品牌建设"首次写入 1 号文件。

2017 年 1 月 22 日，农业部将 2017 年确定为"农业品牌推进年"。

2017 年 4 月 24 日，国务院批准将每年的 5 月 10 日设立为"中国品牌日"。

2018 年 6 月 28 日，农业农村部印发《农业农村部关于加快推进品牌强农的意见》，并在全国开展农业品牌提升行动。

2019 年，农业农村部进一步强调"绿色化、优质化、特色化、品牌化"发展，要大力推进农产品区域公用品牌、企业品牌、农产品品牌建设，打造高品质、有口碑的农业"金字招牌"。

2019 年 6 月 28 日，国务院印发《关于促进乡村产业振兴的指导意见》，强调实施培育提升农业品牌行动，建立国家农业品牌目录制度。

一、中国百强农产品区域公用品牌建设

2017 年 7 月，为进一步推进农业供给侧结构性改革，发挥农业品牌的示范引领作用，全面推进农产品区域公用品牌建设，按照农业品牌推进年的总体安排，第十五届中国国际农产品交易会组委会决定在全国农业系统推选中国百强农产品区域公用品牌[*]。

2017 年 9 月 20 日，平谷大桃、五常大米等 100 个品牌被第十五届中国国际农产品交易会组委会授予"2017 中国百强农产品区域公用品牌"称号（图 1 - 11）。获选品牌普遍具有较强市场号召力、影响力和公信力，均获得农产品地理标志认证、登记或注册，涵盖粮食、油料、蔬菜、果品、肉类、淡水产品、海水产品、中药材等多类重要农产品。

---

* 刘月姣，毛绪强，2017. 中国百强农产品区域公用品牌揭晓［J］. 农村工作通讯（18）：7 - 8.

图 1-11 2017中国百强农产品区域公用品牌揭晓，
农业农村部部长韩长赋为中国品牌农产品代言

二、中国特色农产品优势区建设

我国农业经过长期发展，各地涌现出一批具有独特品种、特殊品质、特定区域的特色农产品，达到了一定生产规模，在市场上享有较高的知名度。2017年中央1号文件提出，要做大做强优势特色产业，把地方土特产和小品种做成带动农民增收的大产业。文件明确要求，制定特色农产品优势区建设规划，建立评价标准和技术支撑体系，鼓励各地争创园艺产品、畜产品、水产品、林特产品等特色农产品优势区。

为贯彻落实中央1号文件精神，发挥区域农业比较优势，加快形成国内外知名的特色农产品优势区，农业农村部联合发展改革委、科技部等部门，于2017年12月认定了平谷大桃、抚松人参等首批62个中国特色农产品优势区，于2018年12月认定了沾化冬枣、寿光蔬菜等第二批86个中国特色农产品优势区，以此促进优化特色农产品生产布局，推进特色农业产业做大做强，提升特色农业产业发展绿色化、产业化、品牌化水平，增加农产品供给的多样性和有效性，实现农业提质增效和农民增收，增强农业的国际竞争力（表1-2）。

表1-2　国家级特色农产品优势区的品种（类）与重点区域

类别	品种	重点区域
特色粮经作物	马铃薯	黄土高原、西南地区、黄淮海地区、东北地区
	特色粮豆	黄土高原、内蒙古及长城沿线区、东北地区
	特色油料	黄淮海平原、内蒙古高原、黄土高原、新疆
	特色纤维	长江上中游地区、华南地区、西南地区、东北地区
	道地药材	西南地区，黄土高原，内蒙古高原，大兴安岭、小兴安岭和长白山地区，黄淮海地区，南方丘陵地区
特色园艺产品	特色出口蔬菜及瓜类	黄淮海地区、西北地区、华东地区、西南地区
	季节性外调蔬菜及瓜类	华南地区、长江上中游地区、云贵高原、黄土高原、东北地区
	苹果	渤海湾、黄土高原
	柑橘	长江上中游地区、赣南-湘南-桂北、浙-闽-粤、鄂西-湘西
	梨	环渤海地区、黄河故道地区、西北地区、长江流域、黄土高原
	桃	华北地区、黄河流域、长江流域
	葡萄及特色浆果	西北地区、东北地区、环渤海地区、西南地区、华东地区
	热带水果	海南、广东、广西、云南、贵州、福建、四川
	猕猴桃	西北及华北地区、西南地区、华中地区、华东和东南地区、华南地区
	食用菌	东北地区、冀鲁豫、闽浙、川陕、秦巴伏牛山区、长江上中游
	茶叶	长江流域、东南沿海、西南地区
	咖啡	云南南部、海南
	花卉	云南、浙江、福建、青海、甘肃、辽宁
特色畜产品	特色猪	东北地区、江苏、湖南、广东、广西、浙江、重庆、云南
	特色家禽	河南、广东、广西、海南、江西、辽宁、北京、江苏、浙江、四川
	特色牛	东北和内蒙古地区、陕西、云南、青藏高原
	特色羊	内蒙古、山东、江苏、宁夏、陕西、新疆、辽宁、山西、青藏高原
	特色马	新疆、广西、山东、内蒙古
	特色驴	山东、河北、山西、甘肃、内蒙古、辽宁、新疆

（续）

类别	品种	重点区域
特色水产品	淡水养殖产品	长江流域、珠江流域、黄河中下游；东北、西北、西南（冷水鱼及特色鱼类）
	海水养殖产品	各沿海地区
林特产品	木本油料	江西、湖南等南方油茶产区，山东、山西等北方油用牡丹产区，甘肃等油橄榄产区
	特色干果	东北地区、西北地区、西南地区、华中地区和华东地区
	木本调料	黄淮海地区、西北地区、西南地区
	竹子	浙江、福建、江西、湖南、广西、安徽、四川、江苏、湖北、贵州

三、中国农业品牌目录制度建设

在 2014 年 12 月 3 日举行的农业部新闻发布会上，农业部市场与经济信息司司长张合成表示，我国将探索建立农业品牌目录制度，创建农业公用品牌发展体系。把农产品按照品牌种类、品种种类进行分类，按照影响层级和影响力范围进行分类，对产品的品种、品牌的种类进行系统梳理，形成目录，将最有影响力、最有价值的品牌纳入国家品牌的目录，实施定期发布、动态管理。

农业品牌目录制度的出台背景是各市场主体的农产品品牌意识不断增强，但是品牌的思想体系尚未建立。如今，企业和农户逐渐重视品牌，注册商标的积极性日益高涨，但品牌发展的思想体系尚未建立，许多地方还缺乏创建品牌的新思维、新方法和新手段。一些地方把原料当成商品卖，把土特产当成品牌卖，不同层级的商品和品牌混杂。以注册商标为代表的农产品品牌的数量增长迅速，但影响力还仅仅停留在局部地区和有限的时期。由于起步比较晚，基础比较差，很多产品竞争力较弱，跨省跨区域的品牌不多，国际上知名的品牌更少。一些本来具有优势的品牌，由于保护机制不健全，无法保持持续的影响力。为此，要完善农业品牌的培育、塑造、经营和保护机制，按照"市场引导、企业主体、政府推动、社会参与"的基本原则推进农产品品牌建设，建设农业品牌目录制度[*]。

农业品牌目录，就是把涉农品牌按照一定的次序编排，形成揭示农产品品牌信息的工具。农业品牌目录重点包括四项制度，即农产品品牌征集制度、品牌审核推荐制度、品牌评价制度以及品牌培育和保护制度。

2019年5月10日是中国品牌日，"中国农业品牌目录制度建设启动发布会"在北京召开。在农业农村部市场与信息化司指导下，由中国农产品市场协会牵头，会同中国农村杂志社等单位共同组建"中国农业品牌建设办公室"。由办公室按照自愿、公开、公正、公益原则，面向全社会公开征集评审"中国农业品牌目录2019农产品区域公用品牌"。农业农村部市场与信息化司司长唐珂表示，中国农业品牌目录制度建设是依据相关评价标准分类遴选国家级农业品牌形成目录，并对目录品牌进行推介、管理和保护的制度安排。

2019年6月28日，国务院印发《国务院关于促进乡村产业振兴的指导意见》，建立国家农业品牌目录制度写入《意见》，并成为实施培育提升农业品牌行动的一项重要工作。

2019年8月2日，农业农村部官网转发了中国农产品市场协会《关于开展中国农业品牌目录2019农产品区域公用品牌征集工作的通知》。为保证中国农业品牌目录制度顺利实施，发挥品牌对农业高质量发展的引领作用，在农业农村部市场与信息化司指导下，中国农产品市场协会会同相关单位联合制定了《中国农业品牌目录制度实施办法》，并在农业农村部网站同期正式发布[**]。

---

[*] 乔金亮，我国将建立农产品品牌目录制度［EB/OL］. （2020－06－11）［2014－12－04］, http://finance.people.com.cn/n/2014/1204/c1004－26145102.html.

[**] 中华人民共和国农业农村部. 关于发布《中国农业品牌目录制度实施办法》的通知［EB/OL］. （2019－08－02）［2020－06－01］. http://www.moa.gov.cn/xw/zxfb/201908/t20190802_6322298.htm.

第二章

农业区域公用品牌系统构建

近几年，我国农业区域公用品牌纷纷崛起，地标产品成为农业区域公用品牌的主力军。然而，由于受到经济发展水平的限制和当地政府对农业品牌建设投入力度不同，各地农业区域公用品牌的发展水平参差不齐，正普遍经历品牌建设"四大雷区"和"六大尴尬"，推动特色产品品牌化，实施农业区域公用品牌战略规划迫在眉睫。

农业区域公用品牌的规划设计和推广执行是一个长期、系统的巨大工程，切忌急功近利，更不能急于求成。农业区域公用品牌顶层设计必须遵循和坚持前瞻性、适用性和公共性原则，组织管理必须遵守和坚持行政性和灵活性原则，推广执行必须坚持长期性和阶段性相互统一的原则。在此前提下，采用"一体化协同运营管理"的理念，科学规划、系统执行。

我国农业区域公用品牌建设在探索中不断前进，一些地区在农业区域公用品牌建设实践方面取得了亮眼的成绩，如洛川苹果、平谷大桃、抚松人参、北镇葡萄等，为我们提供了良好的借鉴经验。

第一节 农业区域公用品牌建设现状及问题

一、农业区域公用品牌建设现状

(一)我国农业区域公用品牌方兴未艾

从 2014 年开始，我国不少地区开始重视建立本地的农业区域公用品牌。据不完全统计，截至 2018 年全国各地区已经有近百个农业区域公用品牌进行了系统的品牌化打造。随着我国农业区域公用品牌建设逐渐深入，各地深入挖掘整合区域农业资源，集聚和延伸品牌核心竞争优势，以县域为单位，打造特色优质的农业区域公用品牌，并依托中国国际农产品交易会、中国国际茶叶博览会等展会平台，通过召开苹果、大米、水产品等品牌推介活动，积极推介农业区域公用品牌。近年来，农业农村部多个部门及相关协会先后推选出了 2017 中国百强农产品区域公用品牌、中国十大茶叶区域公用品牌，以及最有影响力的十大苹果区域公用品牌、十大大米区域公用品牌、最具影响力的 30 个水产品区域公用品牌等。

2018 年对于中国农业区域公用品牌建设是值得纪念的一年，也是有深远影响的一年。从中央 1 号文件全面部署实施乡村振兴战略到农业农村部《关于加快推进品牌强农的意见》印发，从首届中国自主品牌博览会到首届中国农民丰收节成功举办，从 2018 年全国贫困地区农产品产销对接行动到系列产业扶贫产销对接活动红遍全国，再从农产品区域公用品牌《百强品牌故事》发布到第二批中国特色农产品优势区名单公示……

农业区域公用品牌已经成为中国农业现代化、质量化、价值化成长的一道靓丽风景线，处处彰显品牌的价值和魅力。全国农业区域公用品牌创建工作已初步形成"政府推动、企业主动、市场拉动"的良好发展格局，涌现出了洛川苹果、平谷大桃、五常大米、西湖龙井等一大批特色鲜明、质量过硬、信誉可靠的单一产业农产品区域公用品牌，现已成为当地特色农业的"地域名片"。

（二）各地农业区域公用品牌发展水平参差不齐

在我国农业区域公用品牌蓬勃发展的同时要清醒地认识到，全国目前累计登记农产品地理标志 7 000 多个，其中成功转化为农业区域公用品牌的只有一小部分，农业区域公用品牌建设依然任重而道远（图 2-1）。另外，由于我国各省份受到经济发展水平的限制和当地政府对品牌建设投入力度也不同，导致各地农业区域公用品牌的发展水平参差不齐，发展状况也是极度不平衡。有些地区被认定为某农产品之乡或某农产品故里，这些地区特色产业虽拥有一定的市场知名度，但是并未进行品牌建设，缺少了产业升级、品牌管理和市场教育的抓手，农产品附加值得不到体现。

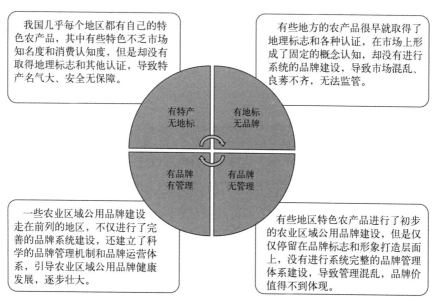

我国几乎每个地区都有自己的特色农产品，其中有些特色不乏市场知名度和消费认知度，但是却没有取得地理标志和其他认证，导致特产名气大、安全无保障。

有些地方的农产品很早就取得了地理标志和各种认证，在市场上形成了固定的概念认知，却没有进行系统的品牌建设，导致市场混乱、良莠不齐，无法监管。

有特产
无地标

有地标
无品牌

有品牌
有管理

有品牌
无管理

一些农业区域公用品牌建设走在前列的地区，不仅进行了完善的品牌系统建设，还建立了科学的品牌管理机制和品牌运营体系，引导农业区域公用品牌健康发展，逐步壮大。

有些地区特色农产品进行了初步的农业区域公用品牌建设，但是仅仅停留在品牌标志和形象打造层面上，没有进行系统完整的品牌管理体系建设，导致管理混乱，品牌价值得不到体现。

图 2-1　不同地区农业品牌发展阶段

　　我国一些农业区域公用品牌建设走在前列的地区，如山东省，省内各地市大部分都推出了自己的农业区域公用品牌，如烟台苹果、食域滨州、济宁礼飨、潍坊农品等；各县级政府也纷纷进行了县域农业区域公用品牌打造，如福山大樱桃、文登西洋参、章丘大葱等。在此基础上，山东省农业农村厅着手建立了山东省知名农产品品牌目录制度，把具有一定影响力的区域公用品牌、企业产品品牌形成目录，由政府统一组织发布，动态管理，研究制定了农产品品牌目录征集办法、评价办法、保护办法和动态管理办法。

　　江苏省也在加大江苏农产品品牌培育力度，健全完善农产品品牌培育、发展和保护机制，为打造一批叫得响的"苏"字号农产品区域公用品牌，建立了江苏农产品品牌目录制度，将江苏农产品品牌分产品种类、产地区域等进行征集、遴选、发布，实行动态管理。在归口管理的财政支农资金安排上，对列入江苏农产品品牌目录的品牌及相关主体优先给予扶持。"江苏农产品品牌目录"2017年名单，南京桂花鸭、雨花茶、无锡惠山蜜桃等576种农产品入选。

（三）部分地区农业区域公用品牌发展进入2.0时代

部分农业区域公用品牌建设起步早、发展快、水平领先的地区，农业区域公用品牌建设发展实际上已经进入了2.0时代，即科学管理、完善运营阶段。

在这一阶段，农业区域公用品牌前期的基础打造工作已经完成，具备了成熟的品牌价值系统和品牌形象体系，探索如何建立科学的品牌管理机制和完善的品牌运营体系是今后相当长一段时期的首要工作重心。有些地区在农业区域公用品牌名称的选择和标志设计上确实经过了精心的策划，但在实际管理运营中却患上了"营养不良症"，严重依赖于政府的财政支持，品牌自身缺乏市场自我运营能力。同时也有不少地区，在进行了初期的品牌形象打造和品牌发布之后便陷入了沉寂，不仅在市场上难以听到品牌发展的消息，而且在当地企业产品包装上也看不到品牌的痕迹。造成这种品牌建设"雷声大雨点小"现象的原因之一就是品牌运营脱节。

这些都充分说明农业区域公用品牌建设是一项长期而系统的巨大工程，同时也说明建立科学的品牌管理机制和完善的品牌运营体系的重要性和必要性。

二、农业区域公用品牌建设的常见问题及对策

（一）农业区域公用品牌建设要注意的几个问题

1. 政府与市场权责不对应

（1）常见问题及原因分析。

一是农业区域公用品牌市场用而不护，政府护而不用。农业区域公用品牌这一概念普遍缺乏培训教育，其公共属性尚未被大部分地方政府及大众深刻认识。政府作为职能部门，有权利也有责任去保护并支持其发展，但很多地方政府因无法将其直接用于商业，所以想用又不能用，更不知如何用。而因为农业区域公用品牌有较高的市场知名度，在市场中大家都在用，不用白不用；市场主体应用的同时，因农

业区域公用品牌不是自己的，不属于某个企业，所以没有必要去维护。

二是农业区域公用品牌不管就乱，一管就死。区域品牌大多长期处于无组织无管理状态，市场无序、管理不善已成常态，而地方政府因为缺少专业品牌运营及管理的相关人才，一时也难以理清思路拿出完善的解决方案。在全国农业品牌建设热潮推动下，很多地方政府在未搞清自身权责的情况下，跟风而上，介入品牌的奖惩管罚，甚至直接参与品牌经营。结果往往就会出现品牌不管一片混乱，大力管理则企业民怨沸腾。甚至出现因市场过度打假而导致消费者购买恐慌的情况，对地方市场和品牌带来一定负面影响。

（2）对策建议。农业区域公用品牌打造是一项需要全产业共同支持，全社会广泛参与的公益性事业和长期工程，既不能急功近利也不能急于求成。没有政府主导做不了农业区域公用品牌，全靠政府主导肯定做不好农业区域公用品牌。经过近年来的广泛实践和总结，"政府主导，市场主体"已成为目前国内农业区域公用品牌运营管理的基本共识。

一是树立和强化农业区域公用品牌意识，构建品牌价值共同体。《孙子兵法》有云：上下同欲者胜。农业区域公用品牌建设要统一思想，通过对地方农业产业各相关单位及企业负责人的系统培训，引导全域树立和强化农业区域公用品牌意识。因此要做的是凝聚一批有一定产业基础、市场基础和服务能力的核心龙头企业，构建以打造农业区域公用品牌为共识的品牌价值共同体。充分发挥农业区域公用品牌的资源整合优势和组织联动优势，凝聚优势资源共同推广、共同成长。

二是政府主导，市场主体，政府退后，协会向前。众所周知，在市场经济环境下要充分发挥市场在资源配置中的主导作用。所以，政府管理农业区域公用品牌首先在于培训引导，其次在于管理。要科学认识政府的行政性优势，充分发挥政府的公信力、号召力和政策资源优势，做好顶层设计和相关政策制定，落实市场监管服务职能，为农业区域公用品牌的市场化运营创造良好的政策环境。

同时要充分发挥市场的灵活性优势，培育强势的有号召力的行业协会，发挥协会与企业沟通的市场灵活性优势。把协会推向前台承担具体管理运营工作，让企业真正成为农业区域公用品牌使用的主体、受益的主体，引导企业成为农业区域公用品牌真正的推广和实施主体。

2. 不能处理好农业区域公用品牌、农产品品牌和农业企业品牌三者的关系

（1）常见问题及原因分析。

一是农业区域公用品牌与农业企业品牌的关系。农业区域公用品牌打造一般需要大量资金投入和长期积累沉淀，很多小企业或个体商户因缺乏品牌影响力，自然会想到背靠大树好乘凉，别人都用我也用。同时，由于这个群体本身大多经营一般、管理不足、自律性差、短期逐利心态比较普遍，所以难免出现急功近利和不规范的市场行为。因此，常常成为"假冒伪劣、以次充好"的代名词。即便政府要求必须使用农业区域公用品牌标识，也大多只会将其应用在部分中低端产品包装上，敷衍了事。而规范管理的知名企业为了与他们划清界限，自然多会选择敬而远之。

二是综合性全域农业区域公用品牌与单一产业农产品区域公用品牌的关系（表2-1）。以地标产品和地方优势产业为基础的单一产业农产品区域公用品牌有产业、有规模、有历史、有认知，本应成为农业区域公用品牌建设的主力军，而综合性全域农业区域公用品牌生搬硬套为创新而创新，不但容易喧宾夺主，往往花费地方政府大量财力和物力，一旦政府投入减少马上就会难以为继，最终只能自生自灭。自身没有可持续成长的生命力，不但浪费公共资源，还会给企业增加"品牌负担"。

表2-1　单一产业农产品区域公用品牌与综合性全域农业区域公用品牌模式对比

	单一产业农产品区域公用品牌模式	综合性全域农业区域公用品牌模式
包含产业	单一优势产业	综合性所有产业
优势	聚焦优势产业，针对性强，公众认知基础较好，好宣传、好落地、企业接受度高，能直接带动企业产品销售	集中优势资源，综合性打包宣传、覆盖面广、节约宣传费用

（续）

	单一产业农产品区域公用品牌模式	综合性全域农业区域公用品牌模式
风险和局限性	短时间内只适合主推一两个优势产业	产业针对性弱，宣传效果难保障，企业支持度低，一旦政府支持度降低，品牌可能难以为继
企业接受度	高	低
适用区域	全国大多有优势特色产业的地区	缺少优势产业，服务业带动性强的地区
代表案例	平谷大桃、泰山茶、抚松人参	聊胜一筹、长寿贺州

（2）对策建议。农产品区域公用品牌与企业品牌在一起，企业品牌是主角；综合性全域农业区域公用品牌与单一产业农产品区域公用品牌在一起，单一产业农产品区域公用品牌是主角；所有品牌在一起就应该是一个互相背书、互相支持的"农业区域公用品牌＋农业服务业品牌＋农业企业品牌＋农产品品牌"的"品牌矩阵"关系。

所以，三产融合≠品牌融合，可以跨产业融合推广，不鼓励跨产业融合创品牌。如果一定要打造综合性全域农业区域公用品牌，则定位服务类品牌比较合适。参考旅游行业"好客山东""七彩云南"的平台化服务模式，以宣传服务为宗旨打造一个为地方农产品区域公用品牌、农业企业品牌、农产品品牌服务的综合性宣传推广服务平台，而不是将自身打造成一个与以上主角争宠的销售主体。

3. 不能充分听取专家的建议

（1）常见问题及原因分析。品牌建设缺乏长期坚持的战略意识。农业品牌化建设是国家级战略，是农业现代化的重要体现，更是乡村振兴战略的重要组成部分。然而，很多地方对于农业品牌化建设的认识和规划还不到位，甚至没有一个相对稳定执行的战略方案。战略不清，方向不明，领导重视废寝忘食，领导一换项目搁浅。

（2）对策建议。农业品牌建设本是一项专业系统的营销管理类工作，国内深入研究和实践者寥寥无几。我国各地行政人事变换也是正常现象，农业主管领导经常是上任时间不长，对当地农业产业及品牌化建设调研了解尚且不足，再加上不少地方政府领导和农业主管部门负责人缺乏市场营销的专业培训，缺乏市场化运营和管理的直接经验。所以，政府应该充分发挥行政权威意见和执行力强的优势，做好品牌建设的前期支持和后期服务，而对于品牌规划和创意策划等具体专业性内容，把更多的决策权交给专业团队。要尊重市场规律、尊重专家意见、深入广泛研究、决策实事求是，汇报民主讨论、领导集中决策。

4. 不能处理好国企与民企之间的关系

(1) 常见问题及原因分析。很多地方品牌策划高举高打，在协会较为弱势的情况下，区域品牌运营管理无从下手，于是孕育了很多国企运营公司，进行农产品区域公用品牌的自建自营。

现有国企或成立的国资公司，采用企业化方式运营农业区域公用品牌本来也没有错，农业区域公用品牌的运营管理本身就应该以整合产业资源、凝聚核心优势、服务相关企业和推广农业区域公用品牌为主，但是由于公司化运营要委任公司董事长和聘请职业经理人，而农业区域公用品牌管理是一项投入大、见效慢的长期工程，公司负责人和职业经理人往往会迫于任务压力而急于求成，使公司的运营目标走偏。

作为政府举全力培育的国资企业，过度倚重政府资源，有的甚至独占农业区域公用品牌商标，不对本地其他企业授权，无疑是在与民企争市场，服务变成了执行，监管变成了自营，既误读了公司成立的初衷，又违反了公平竞争的市场规则。

(2) 对策建议。农业区域公用品牌运营管理的主流方式有政府主导、协会主导、国企主导和民企主导四种，当地政府一定要根据实际情况选择适合自己的运营方式。

管理的最终目标是不断追求效率的最大化。作为主管部门一定要认准自身的定位，因势利导制定科学的管理机制和激励措施，立足当地的具体情况，对各利益相关方合理定位，并通过管理模式设计明确各自的责、权、利，使其形成一个科学的自动运转机制。最终使各相关主体在这个科学的机制下自动运转，各取所长、各司其职、各尽所能、各善其事、各有所成、各取所需。

无论国企还是民企，在市场中都应该是公平竞争的主体，动用公共资源支持也应使符合资质的经营主体都受益。企业可以冠名和赞助公共性推广或发布会之类的活动，但不能假借公用品牌误导公众，混淆视听。

（二）农业区域公用品牌建设的"六大尴尬"

1. 地方特产多，农业区域公用品牌少，好产品难求高回报　我国从来不缺少优质和特色的农产品，农产品"一地一特、一地多特"的现象普遍存在。最大的难点在于农产品有特色无品牌，地方特产多地标品牌少，而被市场认可的标准化、有价值、可识别、可追溯的农业区域公用品牌就更加稀少。即使个别企业高成本推出高价值农产品和加工食品，却因为品牌影响力问题，不能获得市场信任和高价值回报，最后导致大多数种植业主和加工企业不得不放弃高价值农产品的种植研发。

2. 区域特产外地早产，市场混乱，劣币驱逐良币　经过十年甚至几十年的培养和积累，我国市场上涌现出了像烟台苹果、五常大米、中宁枸杞等一大批地方特色的地标产品和区域品牌，成为地方无形的品牌资产。

然而，由于缺乏品牌公共意识和行业自律意识，很多地方政府监管无力，行业协会权微言轻、管理滞后，导致全国各地不断上演"区域特产，外地早产"的市场闹剧。烟台苹果还没熟，外地苹果已不远千里到达北京、上海，以烟台苹果的名义卖向全国。每年的阳澄湖大闸蟹还未开闸，全国各地的阳澄湖"蘸水蟹"便早已明目张胆地横行市场。

3. 农业区域公用品牌有名无权，大企业不用，小企业滥用　最常遇到的还要说农业区域公用品牌的号召力不足，大企业不积极，小企业瞎积极。全国大多农业区域公用品牌基本都是无偿使用的，导致企业和种养主体用而不护，政府和协会护而不用。结果任何商家都想免费用其充排场，以借机掩饰自己产品的缺陷，提升自身的市场信誉，但是又不想对其负责任，不会尽心尽力推广和维护品牌。所以农业区域公用品牌经常处于管理混乱的状态，一次质量或信誉危机就会使企业永世不得翻身，大企业只能敬而远之。

4. 群体农业区域公用品牌意识缺失，短期逐利心态普遍，生产急功近利，导致品质退化特产不特　很多地方的种养主体缺乏科学的培训指导，急功近利，为追求短期利益，通过大量施用氮、磷、钾肥提高土壤肥力，对土地进行掠夺式的耕种经营，重用轻养不加保护。过度施肥导致我国大面积土壤退化，农业产量和质量也因此受到极大影响，长期大量施用化肥使土壤自然肥力快速下滑，土壤酸化贫瘠化，有机质含量越来越低，严重影响果蔬作物的正常生长和发育。

土壤退化导致我国很多地方所谓的地方特产、区域特色失去产品本来的特质和味道。很多当地人不明所以，为什么我们自己当地的苹果都吃不出原有的味道？为什么同样的地，同样的人种，就是没有以前那么好吃？殊不知，过度施肥在增产增收的同时，也在让他们所谓的地方特产快速失去特色，产品优势也随之快速消失。

5. 市场监管普遍缺失，危机应对机制缺失，品牌还没走向全国便开始老化　农业区域公用品牌打造这些年已引起了不少地方政府的高度重视。烟台苹果、五常大米、西湖龙井等农业区域公用品牌早已成为家喻户晓的全国性品牌。然而，打品牌容易守品牌难，全国的农业区域公用品牌相当一部分面临着监管缺失、市场混乱、以次充好、品种退化、品牌老化的不幸遭遇。

农业区域公用品牌维护基本处于政府管不了、行业协会无监管、定价权被商贩控制的困境。因施肥施药土壤和品种逐年退化，产品有卖相没品质，农业区域公用品牌早已有名无实，市场信誉逐年丧失。

6. 有产品无商标，农业区域公用品牌还没走红就已注定不是"自己的孩子"　农业区域公用品牌打造和推广必须考虑到品牌所有权的问题，必须以证明商标或集体商标的方式注册保护。农业区域公用品牌商标所有权不在政府手中，农业区域公用品牌自然就失去了最有力的保护，结果导致政府管理品牌成了无源之水，品牌维权打假更是无从谈起。

第二节　农业区域公用品牌价值系统构建

一、农业区域公用品牌系统的作用及整体规划

（一）农业区域公用品牌系统的作用

农业区域公用品牌的公共性原则，决定其存在的宗旨就是为区域产业服务，而产业的主体是企业、合作社或农户。所以，农业区域公用品牌在其成立之始就具备了区域的资源整合优势、组织联动优势和品牌引领优势。

1. 资源整合优势　农业区域公用品牌的资源整合优势体现在其对产业主体的凝聚力。2016 年 8 月，我国吉林省抚松县 3 000 多户参农在当地政府的支持和协助下，共同组建"吉林省长白山人参种植联盟"（图 2-2）。联盟成立后，以合理有效利用参业资源和提高人参产品质量为根本，通过推广标准化生产技术，提供种植、技术、信息、投入品、市场对接等服务，同时积极创新经营模式，提升人参种植生产规模化，保障人参产品质量安全，提高参农抵御种植风险能力，并且依靠统一市场主体、统一质量标准、统一品类价值和统一品牌营销等方式，为长白山人参品牌提供了强有力的保障。

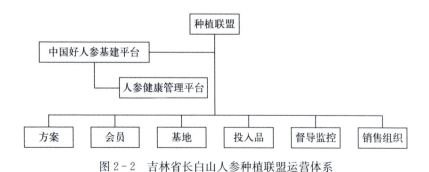

图 2-2　吉林省长白山人参种植联盟运营体系

2. 组织联动优势　农业区域公用品牌的组织联动优势主要体现在运营主体可以凭借其品牌的公共性和对产业的整合促进作用，对区

域内的政府机关、涉农部门、运营主体、经营主体以及相关的产业服务主体和消费者进行有效的组织联动。

农业区域公用品牌的组织联动优势还体现在产业链各相关主体的"号召力"。例如，吉林省抚松县每年9月1日组织召开的"中国抚松长白山人参节"，是我国规模最大的人参文化节庆活动（图2-3）。节日期间，政府和社会公众都会以极高的积极性，参与以人参为主题的"参王大赛"、人参开秤节、文艺汇演等多个活动和竞赛。

图2-3　第32届中国抚松长白山人参节开幕式

3. 品牌引领优势　农业区域公用品牌代表的不仅仅是一个产品、一个企业，它是区域内全产业、全企业、全品牌甚至是全社会的共同资产和荣誉。"引领"既是农业区域公用品牌的优势，也是其不可推卸的历史使命。

品牌战略的核心是差异化和价值感，农业区域公用品牌战略的核心当然也脱离不开这两大主题。所以，农业区域公用品牌战略的核心就是通过品牌符号和核心价值定位，塑造区域产业的特色优势和产品价值感，从而与竞争者进行定位区隔，并借用农业区域公用品牌的差异化突围，带动和引领区域相关产业全面实现差异制胜。

农业区域公用品牌的引领优势主要体现在农业区域公用品牌的"价值力"。通过品牌名称和核心价值的创新塑造和高度凝练，结合一体化协同推广，实现农业区域公用品牌知名度和价值力的快速提升。再号召区域内广大运营主体以农业区域公用品牌为背书，创新产品、升级形象、协同推广，共同实现区域内全产业、全产品、全品牌的美誉度和忠诚度全面升级。

（二）农业区域公用品牌系统整体规划

1. 农业区域公用品牌成长阶段分析　农业区域公用品牌成长阶段及其分析见图2-4和表2-2。

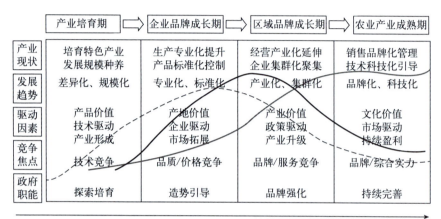

图2-4　农业区域公用品牌成长阶段

表2-2　农业区域公用品牌成长阶段分析

产业阶段	产业培育期（探索培育阶段）	农业企业品牌成长期（造势引导阶段）	农业区域公用品牌成长期（品牌强化阶段）	农业产业成熟期（持续完善阶段）
产业现状	少数经营主体引导差异化特色产品（或品种）种养，技术逐步成熟，特色产业出现雏形。农业企业品牌和农产品品牌开始出现，地标产品认证出现	特色产品（或品种）市场规模扩大，技术逐步成熟，特色产业基本形成。市场竞争加剧，产品同质化，价格战出现。自发或政府引导形成的行业协会或联盟引导行业发展方向	产业竞争力加强，市场份额扩大，形成产业集群，出现行业领袖，行业协会或联盟角色更加重要	行业领先，市场稳定，区域文化内化形成，自发创新

（续）

产业阶段	产业培育期（探索培育阶段）	农业企业品牌成长期（造势引导阶段）	农业区域公用品牌成长期（品牌强化阶段）	农业产业成熟期（持续完善阶段）
发展趋势	从产品差异化走向规模化	产业规模化已经形成，并开始走向专业化生产和标准化控制	经营产业化延伸，企业集群化聚集	文化自律，国际突破，科技创新
驱动因素	少数企业或个体引导，靠技术水平驱动发展。	部分优秀企业引领市场	产业升级、政策助力、产业集群价值驱动	品牌驱动、市场驱动、文化驱动
竞争焦点	产品或品种差异化竞争	品质竞争、价格竞争	品牌竞争、服务竞争	成本竞争、产业链综合实力竞争
政府职能	农业区域公用品牌处于探索和培育阶段，政府开始关注或适当引导产业朝健康方向发展，投入很少或基本没有	政府开始重点关注并加大引导力度，部分有远见的政府相关人员开始主导加大行业引导力度和规划推广力度	农业区域公用品牌自动沉淀走向成熟，区域文化自动形成。政府角色后退，逐渐减少投入，市场化运营	农业区域公用品牌处于持续完善阶段。政府撤出，以监督为主，充分发挥市场化运营机制
产业规模			行业整合，优胜劣汰，企业数量下降	行业整合，优胜劣汰，企业数量下降

2. 农业区域公用品牌系统规划原则

（1）顶层设计原则。

一是顶层设计前瞻性。农业区域公用品牌的规划是一项长期工程，必须具备高屋建瓴的前瞻性和未来长远发展的国际视野。

首先，农业区域公用品牌的品牌定位和商标注册需要考虑产业发展、文化延伸等诸多方面的因素。未来的农业区域公用品牌不单单只是一种水果或蔬菜这么简单，而是涵盖整个产业链条的各个环节，包括深加工的系列产品甚至节庆活动等文化服务项目。像北京的"平谷大桃"这一农业区域公用品牌，未来的发展趋势肯定是基于现有的品种优势和规模优势，延伸到大桃产品的深加工和其他文化制品，辅以类似"国际桃花音乐节"的文化服务和节事品牌的打造，带动整个产业升级和发展。

时下兴起的三产融合，被称为农业和旅游新动能的休闲农业、农旅结合、全域旅游，也属于农业区域公用品牌延展的重要一环，这里面又包括餐饮、住宿、运输、游乐体验等诸多发展方向。

其次，农业区域公用品牌从区域走向全国，从全国走向世界，这是一条必由发展之路。农产品品牌的顶层设计和规划也要抱定这种信心，很多农业区域公用品牌发展到一定程度，在世界范围内代表着一种品质和生活方式，会成为一个国家的名片和象征。

二是顶层设计适用性。适用性很容易理解，即做了一套农业区域公用品牌的顶层设计和发展规划，是否能具体地贯彻落实下去。这要求在规定的时间，由合适的运营主体管理运筹，还要有合适的运营模式落实推进具体工作，才能达到一定的效果。

顶层设计的适用性应当避免过多涉及资源调配和工作协调，应该在现有的职能部门基础上，规划完善运营主体，做到上传下达，把工作落到实处。

农业区域公用品牌的运营主体主要有政府主导型、协会主导型、国企主导型、民企主导型四种类型，见表2-3，另外还有地方政府引导当地企业成立众筹公司型、民营企业使命感、个人情结或控制特产资源优势自发型等。以上各种方式各有优劣，关键看哪种方式最适合当地实际。

表2-3　农业区域公用品牌的运营主体类型

运营主体类型	类型特征
政府主导型	政府完全负责管理和运营，设置专门的职能部门操作品牌授权和品牌推广等具体工作
协会主导型	政府成立领导小组以行政手段协调推动，授权并委托协会主导运营，吸纳地方企业、合作社及农业大户加入协会。协会会员共管共治，最终决定权由协会全体会员共同拥有

（续）

运营主体类型	类型特征
国企主导型	政府成立国有控股公司并委任核心领导，采取公司化管理和市场化运营
民企主导型	政府把品牌交到某个可信赖的、具有代表性的龙头企业手里，完全由民营企业运作，以完全市场化的方式把品牌推出去，同时需要设置监管方法和配合机制

三是顶层设计公共性。不管采用哪种方式运作，始终要遵循公共性原则。运营农业区域公用品牌的目的是为大家、为社会服务的，是与整个区域产业经济和家家户户的利益相关的，而不是个人、组织甚至政府谋利的工具和手段。

在设计之初包括运作过程中，农业区域公用品牌的公共性不可违背，公共品牌价值观需要牢固树立。运营主体不以营利为首要目的，要以服务为第一责任。

（2）组织管理原则。

一是组织管理行政性。国内外成功的农业区域公用品牌管理实践证明，地方政府在农业区域公用品牌建设中具有不可替代的作用，因为政府在公共政策资源供给、行政手段支持、知识产权保护、区域营销推动等方面的作用是其他组织无法替代的。政府在相关文件的发布、规范的制定、会议的召开、应用的奖罚公示等诸多方面发挥自身具备的行政约束力，让全社会感知到农业区域公用品牌的不可侵犯、不可滥用和行政效力，以及相关制度的严格遵从。

但是也要注意，应当避免行政性带来的制度和准入恐慌，引起申请和使用单位"公共权力被侵犯"或"多一事不如少一事"的负面效应。因为农业区域公用品牌最终还是要靠企业及其产品面向消费者与市场推广。这时就要掌握规范和运营的灵活性，其中，运营主体要起到缓冲和润滑的作用，把一些产品营销体系、协同推广体系和监管奖罚与服务体系灵活应用到每个企业，提高而非打击企业的积极性。

二是组织管理灵活性。农业区域公用品牌是一个复杂的生态系统，它的市场主体涉及地方政府、行业协会、生产企业、当地农户以及市场消费者等农业产业链的各个环节，每个环节在农业区域公用品牌的建设中都发挥着重要的作用。

政府是农业区域公用品牌建设的主导者和推动者，同时也是品牌监管权力的拥有者。政府在制定农业区域公用品牌战略规划、完善相关法律法规、创造良好区域环境、扶持农业区域公用品牌推广等方面具有巨大的作用和不可推卸的责任。尤其在经济不发达地区，只依靠企业自身力量进行农业区域公用品牌建设基本是不现实的。因此，发挥政府的主导作用是建设农业区域公用品牌的重中之重。

行业协会既是农业区域公用品牌坚定的拥护者，同时也应该是积极的推广者，是农业区域公用品牌建设中不可或缺的环节。行业协会的具体职能是配合政府，以专业化功能接受政府授权，承担起品牌管理、关系协调、企业服务、品牌宣传、商标维权等责任。

企业及合作社是农业区域公用品牌真正的使用者，同时也是农业区域公用品牌建设最大的受益者。由于农业区域公用品牌作为一种品牌资产，最主要的功能是作为品牌背书证明产品原产地，因此很少单独使用，大部分与企业产品商标共同使用才有价值，所以企业有责任、有义务规范自身经营行为，为企业品牌和农业区域公用品牌建设提供基本保障。

服务主体是区域产业社会化服务机构，是农业区域公用品牌间接的受益者，也应该是坚定的守护者。

消费主体是农业区域公用品牌最终的消费者，在享受市场提供的优质产品的同时，也应该主动承担反向监督的责任。

总之，政府、协会、企业、服务主体和消费主体这五者在农业区域公用品牌的培育中是相互联系、相互影响的有机整体。

（3）推广执行原则。

一是推广执行长期性。农业区域公用品牌对区域经济有巨大的促进和提升作用，但要打造一个成功的农业区域公用品牌，则需要当地政府、企业及社会各界长期不懈的努力。

农业区域公用品牌推广绝非一朝一夕之功，也不是申请一个集体商标、搞几场活动推介就能完成的，世界知名品牌的成功说明，培育一个优势的农业区域公用品牌需要几年、几十年甚至上百年的时间。无论采用哪一种组织形式都要做好长期规划和准备，要始终围绕农业区域公用品牌的战略规划方向，坚持使命，坚持定位，坚持不懈，持之以恒。

二是推广执行阶段性。农业区域公用品牌的成长可以分为产业培育期、企业品牌成长期、农业区域公用品牌成长期和农业产业成熟期四个阶段。由于每个阶段产业规模、企业数量、市场竞争环境和行业竞争特点不同，对农业区域公用品牌在不同阶段的推广执行也有不同的要求（表 2－4）。具体体现在政府投入力度和农业区域公用品牌推广策略均有不同。

四个不同阶段农业区域公用品牌推广策略呈现 1——1＋N——1＋N＋n——N＋1 阶段性规律（1 代表区域品牌，N 代表区域内企业品牌，n 代表区域特色农产品），详见表 2－4。

表 2－4　不同阶段农业区域公用品牌推广策略

产业阶段	产业培育期	企业品牌成长期	农业区域公用品牌成长期	农业产业成熟期
产业特征	农业区域公用品牌还在探索培育阶段。特色产业出现雏形，技术逐步成熟，企业品牌和产品品牌开始出现，行业发展以产品或品种价值驱动为主	农业区域公用品牌造势引导阶段。特色产品（或品种）市场规模扩大，技术逐步成熟，特色产业走向规模化。市场竞争加剧，产品同质化，部分优秀企业品牌主导市场，产地价值开始发挥作用，行业协会或联盟出现，并逐步发挥行业引导作用，市场前景明朗，产业规模快速扩大	农业区域公用品牌强化阶段。市场规模快速扩大，产业集群形成，产业价值突显，自动沉淀走向成熟，区域文化自动形成，区域内出现行业领袖，特色产品品牌大量涌现，行业协会或联盟开始发挥市场引导和规范作用	区域品牌持续完善阶段，产业发展领先行业，市场稳定，企业自由竞争自发创新，优胜劣汰，企业品牌和特色农产品品牌驱动市场，区域内形成文化自律

（续）

产业阶段	产业培育期	企业品牌成长期	农业区域公用品牌成长期	农业产业成熟期
推广原则	政府前瞻性预判，品牌注册保护，适当引导	政府为主，造势引导，引领企业农业区域公用品牌意识	协会主导，政府辅助，市场化运营	协会主导，政府后退，市场化运营
推广策略	政府为主，注册保护，适当引导，加快培育产品提升产品价值	1＋N：政府为主，造势引导，引领企业公共品牌意识，加强培育农业区域公用品牌产地价值升级	1＋N＋n：协会向前，政府为辅，充分发挥优秀企业品牌和特色农产品品牌的市场影响力，反向拉动农业区域公用品牌产业价值进一步增值	N＋1：协会主导，政府退后，优秀企业品牌和特色农产品品牌主导市场，农业区域公用品牌文化价值形成，越沉淀越增值
具体运作	在产业培育期，行业协会基本没有形成，政府应该对特色产业的发展趋势和未来前景进行具有前瞻性的预判，并提前注册保护农业区域公用品牌集体或证明商标	政府应该重点关注并进行农业区域公用品牌规划，加强宣传，加大管理投入力度，引导成立行业协会。政策推动，规范市场，引导提升当地公共品牌意识。通过背书品牌模式，携手当地优秀企业协同打造农业区域公用品牌，共同推进行业健康发展和产业升级	政府应该重点培育强势的行业协会，充分调动行业协会的市场管理优势，充分发挥优秀企业的影响力和号召力，让优秀企业品牌和特色农产品品牌成为支持农业区域公用品牌的主力军和代言人，共同推进行业健康发展和升级。强化监管，强化服务，规范市场，确保产业健康发展	行业协会发挥市场管理规范作用，政府逐步后退，以监管、服务为主，农业区域公用品牌产品价值、产地价值、产业价值、文化价值自动内化聚集成为长期支持区域产业发展的竞争软实力

二、农业区域公用品牌构建的价值金字塔模型

农业区域公用品牌的塑造过程是一个长期积累、持续丰富和不断

沉淀完善的过程。农业区域公用品牌不仅承担着市场规范和区域产品销售推动的责任，而且肩负着引领区域产业价值升级的使命。所以，一个成功的农业区域公用品牌除了应该具备基本的品牌吸引力、品牌价值力和品牌亲和力以外，更应该兼具品牌凝聚力和品牌号召力。

农业区域公用品牌价值金字塔模型（图2-5）是一套有"吸引力"的品牌名称及符号系统，一套有"亲和力"的品牌定位及理念系统，一套有"价值力"的品牌矩阵及产业系统，一套有"凝聚力"的品牌管理及运营系统，一套有"号召力"的品牌仪式及推广系统。

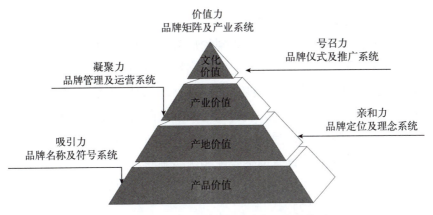

图2-5　农业区域公用品牌价值金字塔模型

（一）品牌吸引力

农业区域公用品牌的"吸引力"表现在品牌的名称、标识及主体形象的符号化。

1. 名称　品牌名称是农业区域公用品牌识别的第一要素，可将农业区域公用品牌区别于其他同类竞争性产品。好的名称是农业区域公用品牌区别于其他同类竞争性产品、体现自身区域优势特征和价值差异的最直接表现。

品牌名称的来源和创意方式一般有两种：一种是沿用地标产品名称，常见构成方式为"地域名称＋产业或产品名称"，如烟台苹果、平谷大桃、抚松人参；另一种方式为"地域名称＋地域象征性事物或创意性描述"，如洪湖水产、长寿贺州等。

2. 符号 农业区域公用品牌的核心符号表现主要是标志创意和视觉主形象创意。

通过有亮点的差异化标志设计或品牌主体符号创意吸引大众眼球，塑造品牌亮点和吸引力。无论在实体货架、线上销售平台还是在公关活动当中，品牌形象的差异化展示至关重要。品牌核心价值是品牌能给公众留下的最深刻的心智层面的认知，而画面印象则主要是品牌色彩和品牌符号，有创意、好看的视觉符号能为企业的产品形象加分，吸引更多企业参与和使用。

（二）品牌亲和力

农业区域公用品牌的"亲和力"是品牌与消费者沟通技巧的丰富表现，通过品牌吉祥物或产品表现的形象亲和力及宣传口号、消费主张等理念亲和力的方式，用有温度的品牌行为和象征性载体接近市场融入生活，塑造品牌温度和亲和力。亲和力的目的是通过与公众互动，使其对产品、产地的品质特征与独特的自然生态环境或历史人文等因素产生关联认知，提升消费者对产品的情感感知和认同。这就要求农业区域公用品牌具有情感属性和粉丝黏性，并通过多样化的互动传播、新媒体建设强化这种温度，拉近与公众的距离。

（三）品牌价值力

农业区域公用品牌的"价值力"是一个品牌、一个产品实现"厚利多销"的关键，价值力一般通过品牌的定位或品牌核心价值体现。品牌价值力源于品牌的核心价值，品牌的核心价值就是传达品牌的定位与价值感。

1. 品牌价值力是加价器 通过有高度的品牌价值定位，可以塑造品牌高度和产品价值感，帮助区域产业链各经营主体实现产品溢价。

2. 品牌价值力也是一座灯塔 可以发挥品牌引领优势，激发区域产业链各生产主体和经营主体的积极性和自豪感，从而提高生产水平和产品档次，推动产业系统升级，指引其奔着同一个方向、同一个目标前进。

3. 品牌价值力还是一种承诺和鞭策 对消费者和市场而言，品牌价值力就是一种承诺，是消费者认识品牌和消费品牌的基础；同时也一是种鞭策，是维护品牌市场地位和消费者忠诚度的基石。

(四) 品牌凝聚力

农业区域公用品牌的"凝聚力"是农业区域公用品牌天然具备的资源整合优势，可以更有效地整合区域市场及以外的销售渠道资源，可以借助农业区域公用品牌和国家农业品牌化战略的社会热点吸引关注，实现对品牌的广泛宣传和渠道资源的深度整合。

农业品牌的塑造是一项非常艰难的工作，而在我国目前的形势下，大部分地区的农业品牌化都尚未起步或处在刚刚起步的阶段，企业和合作社普遍实力较弱、规模较小。虽然每个企业或合作社都有自己的品牌，或者只能讲都有了自己的注册商标，但基本都处于有牌无名、无力宣传的状态，规模小、渠道少、团队差、品牌小，只能靠特色产品优势和性价比路线在市场上艰苦经营，对渠道资源和广告宣传资源的需求一般都非常强烈。而农业区域公用品牌天然的影响力和政府背书的公信力，刚好可以成为中小企业品牌影响力小、公信力差的最佳补充。农业区域公用品牌对小型经营主体的整合，首先应从公共品牌意识的宣传和教育开始，再从品牌宣传造势和渠道资源对接切入。

(五) 品牌号召力

农业区域公用品牌"号召力"是由农业区域公用品牌的行政性决定的，农业区域公用品牌的塑造肩负着区域市场规范和区域产业升级的责任和使命，农业区域公用品牌塑造成功与否，直接影响市场竞争的格局和区域产业的价值力。

区域内的大型经营主体以区域特色鲜明的产地价值、产业价值和文化价值做背书，不仅有利于强化自身产品的正宗原产性和增加品牌的公信力，更重要的是，可以借助农业区域公用品牌的文化价值提升和丰富自身品牌的文化价值。

一个成功的农业区域公用品牌，能够深刻挖掘和精准传达区域特色产业及其背后深厚的文化价值内涵，具备地域产业特色和地域文化厚度的农业区域公用品牌才具有"号召力"。同时还可以借助农业区域公用品牌的公信力，通过农业区域公用品牌优秀企业品牌评选、推荐等形式塑造农业区域公用品牌建设典型和榜样，提振和激发龙头企业的责任心、使命感和担当精神，为农业区域公用品牌的协同推广贡献力量。

第三节　农业区域公用品牌价值构建实践

一、单一产业农产品区域公用品牌实践

（一）平谷大桃

平谷大桃作为北京市平谷区大桃产业的农业区域公用品牌，一直以来都是全国桃产业的知名品牌。但近年来，平谷大桃的地位受到深州蜜桃、龙泉水蜜桃等各地农业区域公用品牌的挑战，给平谷大桃品牌发展造成了不小的压力。以品牌带产业，以品牌促市场，平谷大桃的品牌建设和形象升级迫在眉睫。

2016年，北京平谷大桃开始实施农业区域公用品牌价值升级战略。经过分析，"桃"本身具有非常深厚的产品文化，被称为"五果之首"，唐代医学家王冰著《补注黄帝内经素问》，谓五果"桃、李、杏、栗、枣也"，桃居首位。桃生于中国，长于中国，桃文化源远流长，丰富多彩，可以说是中国水果的代表。另外，北京是八大古都之一，又是新中国的首都，平谷大桃作为北京特产，同样具有深厚的产地文化。从产业文化来讲，平谷大桃多次被作为国礼国桃的选送地；每年的国庆节，平谷大桃被摆在天安门城楼供党和国家领导人及各界贵宾享用。另外，北京市平谷区被世界吉尼斯总部认定为"种植桃树面积最大的区"，代表了中国桃的规模和产业优势。

平谷把桃产品文化、产地文化和国桃产业文化结合起来，满足消费者对精神消费和心理消费的需求，发挥了区域自豪感，突出强调农业区域公用品牌的产地地位和文化认同，强势占据农业区域公用品牌最高文化价值层次，彰显平谷大桃是具有首都文化和至尊身份的国家级好桃。平谷大桃由此确立了"果之首，桃之都"的品牌定位，并结合平谷大桃有形的"个大"优势和无形的"老大"地位，创意了"平

谷大桃，大有来头"的传播语，表明平谷大桃不仅是大桃，更是有背景、有文化底蕴、有身份的水果代表，并且从产品价值、产地价值和产业价值提炼价值基础，牢牢支撑着这一诉求，形成一个完整的价值系统（图2-6）。

平谷大桃经过农业区域公用品牌建设，提升了品牌价值，拉动了市场消费，在第二届林业名特优新产品博览会上获得金奖，在第三届农业产品博览会上获得"名牌产品"称号，入选"2017中国百强农产品区域公用品牌"。

图2-6　平谷大桃品牌形象

（二）泰山茶

泰山茶以泰山为名，主要分布在泰安市境内泰山、徂徕山周围以及岱岳区、新泰市、肥城市，得益于泰山周边独特的山区和水库小气候，雨热同季，光照充足，昼夜温差大，远离污染。泰安市成为我国北方难得的茶叶适宜栽培区。

2017年，在"农业品牌推进年"的战略激励下，泰安市农业局启动了泰山茶区域公用品牌战略规划项目，泰山茶产业的品牌建设进入发展快车道。经过深入的产业研究和市场分析，泰山茶制定了打造"名山茶，待客茶"的品牌竞争策略。

泰山茶品牌价值定位为"国山圣水，茶礼天下。"

国山圣水：泰山民间通称"国山"，地位首屈一指，圣水源自泰山72泉，好山好水育好茶，自然泰山和文化泰山完美融合，孕育泰山茶的高端品质，体现泰山茶的至尊地位。

茶礼天下：泰山茶以北方茶特有的浓香和尊贵的茶礼文化，成为好客山东人招待亲朋好友和尊贵宾客的第一道待客之礼。"礼"成为泰山茶的重要形式与内容，是礼仪与礼品的完美融合。

泰山茶品牌价值支撑体系见图2-7。

北茶至尊	国山圣水	茶道祖庭	平安泰山
香高味醇	天地灵韵	九景五园	茶礼天下
产品价值	产地价值	产业价值	文化价值

图2-7 泰山茶品牌价值支持体系

2018年第二届中国国际茶叶博览会（杭州茶博会）期间，泰山茶首次亮相，以"国山圣水，茶礼天下"为核心品牌价值，主打北方高纬度茶和名山茶文化IP，同黄山毛峰、庐山云雾、武夷岩茶、峨眉竹叶青隔空斗茶，作为中国五大名山茶中唯一的北方茶，彰显了充足的文化自信（图2-8）。

图2-8 泰山茶形象宣传主画面

（三）长白山人参

人参被誉为"百草之王"，吉林长白山地区是我国最大的人参产地。长白山人参被誉为"天下第一参"，是驰名中外的滋补养生珍品。吉林长白山地区人参的种植面积、总产量均居世界首位。

近年来，吉林省政府高度重视人参产业发展，坚持把实施品牌战略作为重要抓手，围绕"长白山人参"品牌建设，展开了市场宣传推介、运营体系搭建、组建品牌矩阵和产品矩阵、原料基地认证等一系列工作。

首先，确立品牌管理方案。成立了"长白山人参"品牌管理委员会，并且制定了"长白山人参"品牌及产品管理实施细则。为了更好地贯彻实施品牌管理方针，专门成立了吉林省长白山人参有限公司，授权其为"长白山人参"品牌运营单位，承担品牌建设具体工作。

其次，开展品牌运营工作。在"长白山人参"品牌管理委员会的组织下，进行了中国"驰名商标"和吉林省"著名商标"的认定，积极实施"走出去"战略，注册了马德里联盟82个成员和10个特定国的"长白山人参"国际商标，在国际上树立了良好的品牌形象。

最后，加强品牌运营能力。为了拓展"长白山人参"品牌产品销售渠道，一方面，面向全国征集"长白山人参"品牌加盟商，所有的品牌加盟商按照"长白山人参"品牌管理规定，统一店面形象、统一包装设计、统一经营模式；另一方面，积极开展电子商务线上营销，实施"互联网＋"品牌建设工程，设立"长白山人参"官网和网络销售平台。

2017年12月，吉林省参业协会在北京钓鱼台国宾馆举行了"长白山人参"品牌新形象发布会，向全国市场展示了长白山人参的新形象。2018年1月，"长白山人参"品牌授权仪式在长春举行，标志着"长白山人参"新形象全面启用*（图2-9）。

随着吉林省政府在品牌建设方面的一系列举措实施，"长白山人参"区域公用品牌的认知度和品牌价值得到了巨大提升，正在成为消费者心中高质量人参的代表品牌。

抚松县作为长白山人参核心产区，近年来，县政府把品牌建设作为人参产业发展的重要抓手，与国内顶级农业区域公用品牌专家团队开展合作，大力推进"抚松人参"区域公用品牌的建设工作。

同时，开展"抚松人参"区域公用品牌的宣传推广工作。按照以

---

* 王丹丹，石天慧，2017."长白山人参"品牌新形象在京发布 [N].吉林日报，12-25(2).

抚松县委县政府为主导、抚松县人参产业发展中心承办、抚松县人参协会助推、抚松县人参加工企业为主体的管理体制，充分发挥政府、协会、企业的协同效应，同心合力，做好"抚松人参"品牌的宣传工作。

2018 年 11 月在长沙举办的第十六届中国国际农产品交易会上，"抚松人参"作为长白山人参核心主导品牌惊艳亮相，得到与会领导和全国客商的一致好评。2018 年 12 月在海南举办的第三届中国农业博鳌论坛上，"抚松人参"获得"年度影响力中国特色农产品优势区奖"。

图 2-9　长白山人参主导品牌"抚松人参"品牌形象

二、综合性全域农业区域公用品牌实践

（一）食域滨州

近年来，滨州市政府对农业产业发展高度重视，滨州市农业生产规模化和产业标准化都取得了良好的成就。截至 2018 年，滨州市粮食种植面积 59.2 万公顷，总产量 423.9 万吨；果蔬、畜牧、水产也都有了较大发展，其中对虾养殖面积达到 4.7 万公顷，产量 8.4 万吨，占全省对虾总产量的 50%，稳居全省第一。滨州农业已经形成

了粮油、棉纺、畜牧水产三大千亿级产业集群，在全国地市级粮食加工方面，无论是规模还是产值，滨州市都是当之无愧的全国第一。

2018 年，滨州市政府积极响应国家"质量兴农、品牌强农"战略，滨州市农业农村局启动了滨州市沿黄生态高效现代农业示范区区域公用品牌发展规划，滨州市农业品牌建设进入高速发展的快车道。经过深入的产业研究和市场分析，滨州市农业区域公用品牌确定了"食域滨州"的品牌名称，制定了"引领沿黄现代农业发展"的品牌竞争策略。

滨州市农业区域公用品牌宣传口号是"食域滨州，康养九珍"。

食域滨州：滨州盛产多种特色农产品，以滨州九珍为代表，粮油蔬果、海鲜肉蛋一应俱全，味道鲜美；加上滨州本地特色的加工工艺，形成了 132 道鲁北特色菜谱和几十种特色加工食品，成为沿黄美味的重要代表。

康养九珍：滨州拥有沾化冬枣、阳信鸭梨、长山山药、博兴对虾、渤海黑牛、洼地绵羊、黄河刀鱼、无棣驴肉、博兴金丝鸭蛋 9 种农特产品。这些产品不但味道鲜美，而且绿色生态、营养丰富，既能让人体验到美味，又有助于健康，是名副其实的"康养九珍"。

"食域滨州"品牌价值支撑体系为产品价值、产地价值、产业价值、文化价值（图 2 - 10）。

1. **产品价值**　食域滨州——沿黄美味，绿色康养。
2. **产地价值**　生态滨州——沿黄沃土带，生态黄三角。
3. **产业价值**　高效滨州——引领沿黄现代农业。
4. **文化价值**　文化滨州——孙子智慧，耕读千年。

滨州市致力于打造以"食域滨州"为核心，以滨州市农业企业品牌、产品品牌和节事品牌为外延的覆盖全产业多维度的滨州市农业品牌矩阵，并且成立"滨州沿黄现代农业产业协会"作为专门的品牌管理机构，负责品牌管理和运营工作，进行明确分工、合理配置、有效统筹、协同推广，形成以"食域滨州"区域公用品牌为核心的"品牌价值共同体"。

图 2-10　"食域滨州"品牌形象宣传主画面

（二）长寿贺州

按照广西发展区域经济的规划部署，贺州市被列为广西的现代农业示范区，这里有优越的气候环境和丰富的农业资源，农业以种植业为主。

贺州市充分发挥资源优势，优化农业产业结构，面向粤港澳市场，进行农业综合开发，开始从广种薄收向立体农业、从常规种植向反季节种植、从分散经营向规模经营转变，科技在农业综合开发中得以广泛运用。

贺州市围绕构建现代农业产业，积极引导和发展各类农民专业合作组织、家庭农场等新型农业经营主体，特色农业产业化发展取得显著成效，先后获得"中国脐橙之乡""中国李子之乡""中国名茶之乡"等称号。贺州独特的长寿文化资源为贺州农产品区域公用品牌建设提供了强大的价值支撑，贺州优越的自然环境和贺州旅游资源为贺州农产品和农业旅游融合提供了巨大的发展空间。

贺州市政府引导开展贺州名牌农产品评选，重点打造上榜品牌。2018 年开展了"长寿贺州"区域公用品牌建设，实施了农业区域公用品牌战略。

在经过了缜密的资源整合、价值提炼和数轮专家论证后，贺州市确定了"世界长寿市，贺州农产品"的品牌价值定位，并以"长寿贺州"为品牌名，进行农业区域公用品牌的推广（图 2-11）。

图 2-11　长寿贺州品牌形象宣传主画面

　　世界长寿市：长寿的历史就是人的历史，是人的生产生活史，更是人长寿饮食的历史（贺州八宝），因而关于贺州农业区域公用品牌，需要通过锁定"贺州八宝"，以独特和系统的长寿文化的差异性造就强势的农业区域公用品牌。

　　贺州农产品：综合了贺州农业的价值系统。产品价值：天宝贺州——贺州八宝，以硒为贵。产地价值：物华贺州——养生仙境，氧吧山城。产业价值：地灵贺州——生态供应链，湾区后花园。文化价值：人杰贺州——长寿福地，鹤寿延年。这些长寿秘诀，是贺州农业的品质与差异化的优势所在。

　　贺州市在农业品牌战略的指引下，致力于打造以"长寿贺州"区域公用品牌为核心，以贺州农产品系列企业品牌和产品品牌为外延的覆盖全产业多品牌的贺州农产品品牌矩阵，进行明确分工、合理配置、有效统筹、协同推广，形成一个以贺州农产品为核心的"品牌价值共同体"。

第三章
培育乡村产品品牌的
双定位战略思维

新经济时代，互联网实现了消费者与供给者之间更多的直接沟通，新技术创造了更多新产品，打造品牌不是简单地打打广告，提提知名度、美誉度、忠诚度等。新时代品牌的打造需要一套切合实际的理论思维和工具体系。品牌双定位理论从商业本质思考，是一套由内而外的品牌定位逻辑：从供给侧和消费侧双向创新，从品类定位和价值定位两方面全新定位，互为支撑，保证品牌战略定位精准有效。

第一节　企业产品品牌建设现状

《中共中央关于推进农村改革发展若干重大问题的决定》指出："要发展农业产业化经营，促进农产品加工业结构升级，扶持壮大龙头企业，培育知名品牌。"所谓农产品品牌，就是使用在农产品上，用以区别于其他同类或类似农产品生产经营者的显著标记。品牌就是竞争力，是促进传统农业向现代农业转变的重要手段，是新时代发展现代农业面临的重大任务，是农产品实现市场价值的重要保证。品牌建设，对于提高农产品的知名度和附加值，增加农民收入，促进现代农业发展具有重要的现实意义。

一、企业、合作社产品品牌的建设现状及问题

（一）企业、合作社产品品牌建设现状

1. 缺乏品牌向心力　从品牌建设的历史经验来看，往往是产品

具备了一定的规模，之后才会发展起来品牌。品牌要建立在产品规模基础之上，没有规模，品牌难以发展。经济欠发达地区的农户具有规模小、产品杂、资金不足等特点，因此经营较分散，缺乏品牌向心力，难以集中打造品牌。

2. 缺乏市场竞争力　农产品品牌较依赖于本地区域的自然气候，靠天吃饭的状况一直都存在。丰年丰收，灾年减产，造成了农产品质量不稳定的状况。再者就是农产品深加工存在不足。面向终端的只是一些初级加工农产品，新意不足对消费者没有吸引力，对合作社自身也没有产生增值。

3. 缺乏品牌影响力　品牌价值的实现离不开知名度和美誉度。品牌有了一定的知名度和美誉度，才能带来相应的影响力，产品才能够通过品牌影响力来影响消费者的购买决策。由于大部分农产品附加值低，品牌力弱，难以形成品牌影响力，这限制了农产品品牌的发展。

（二）企业、合作社产品品牌建设主要问题

近年来，随着政府及各职能部门的宣传引导，企业的品牌意识逐渐增强，但仍存在一些问题，主要表现如下：

1. 观念滞后，缺乏创立品牌的意识　一是有产品无品牌。虽然农产品品类比较多，但是农业企业及合作社的品牌意识非常淡薄，不会主动打造品牌，生产出来的农产品没有品牌、没有商标，只能以"原字号""土字牌"进入市场，或者成为其他品牌的原料基地。二是不知道怎样打造品牌，缺乏品牌方面的基本知识，无法享受到来自品牌的丰厚利润。

2. 规模较小，无法发挥品牌效应　我国农村合作社数量众多，小规模的占绝大部分。据统计，目前我国正式登记成立的合作社数量超过200万，但是仅有29.6%的合作社拥有自主品牌，超过2/3的小合作社没有品牌，市场竞争力不强。

如中国科学院的北方茶种植基地，主要以灵寿县南营乡为主，虽有"北方第一茶"之称，但种植面积仅有0.5公顷，年产量也仅有170余千克。而安溪铁观音、信阳毛尖、云南普洱（图3-1）等都是

全县大规模种植。相比之下，前者种植面积的弱势非常突出，其带动作用亦非常有限。规模偏小和过于分散，在发展过程中不利于创建品牌且无法充分发挥品牌效应形成优势，削弱了市场竞争力。

图 3-1　云南普洱茶园

3. 产品停留在初级阶段，难以实现价值升级　初级农产品和加工农产品之间存在较大的附加值差异。而且，多数合作社农产品深加工能力薄弱，既没有加工技术，也没有相应的人才。如果将初级农产品进行深加工，不仅能产生高效益，还有助于创立品牌。

大部分县区农产品属于大路货，缺乏特色优势。如近几年有些地区板栗种植发展很快，甚至成了当地主要产业之一，但从全省乃至全国范围来看，种植板栗的地方到处都有，虽然板栗口感也得到了消费者的肯定，在周边地区也有一定的知名度，但这些未经加工的初级产品和中间产品，科技含量低，特色不明显，要创立自己的品牌仍然存在一定难度。

4. 经营松散，不利于品牌成熟壮大　目前，许多地区农产品经营还没有一个能够主宰市场的龙头企业或企业联合体，而主要以农户个体为主。他们之间技术互相保密，信息无法共享，为了自身利益，往往不顾农产品品质，相互压价，以次充好，搞不正当竞争，直接损害农产品品牌形象和整体经济效益。如红薯脯加工业，产品畅销全国各大中城市，出口日本等国家。但近年来，一些散户进入市场低价倾销，造成市场混乱、价格下跌、效益降低，给品牌企业造成了严重损失。

二、地方政府如何促进企业品牌建设

（一）加大政府服务力度

在市场经济条件下，实施品牌战略应是一种企业行为。但在当前市场化程度还较低的情况下，占有绝对资源优势的政府部门，对实施品牌战略起着至关重要的推动作用。政府和有关职能部门要从发展的全局出发，充分发挥政府的引导和服务作用。

1. 宣传服务 充分利用电视、广播、报刊、网络等宣传媒介，尤其要以农民朋友喜闻乐见、通俗易懂的形式，引导鼓励涉农企业、专业合作社、农民大户注册使用商标（包括农产品商标和地理标志商标）。有关涉农部门，如供销社系统、农民生产协会等单位加大舆论引导力度，提升农产品品牌意识，力求形成全社会支持农产品品牌建设的良好氛围。建立农产品品牌激励保护机制也很有必要，不要单纯追求数量增长，而要追求品质优化。要大力发展名、优、新、奇、特的农业产品，从生产方面逐步减少盲目性、随意性、趋同性，充分尊重市场意愿，让市场进行选择。必须充分挖掘农产品的文化内涵，将农业的文化资源特点与消费者的需求趋势相结合，在品牌设计和培育中，强化人文历史、地域特色、风土人情，塑造品牌个性。对涉农企业、专业合作社注册农产品商标的行为要加大鼓励和扶持力度；因地制宜，因势利导，打好安全、绿色、生态牌，带动广大农民走好品牌之路。

2. 科技服务 一方面，农技推广部门要积极组织"科技下乡"活动，通过举办农业技术培训班，将先进的种养技术传授给农户。另一方面，要加强与农技科研院所的合作，增加农产品品牌的科技含量，增强品牌的市场竞争力，走"科研院所＋品牌＋市场＋农户"的产业化道路。

3. 资金服务 一方面，银行金融部门要减少中间环节，拓宽信贷渠道，重点对种养大户和农业产业化龙头企业给予资金扶持。另一方面，县、镇、村要制定落实有利于促进主导产业、特色产业发展的优惠奖励政策。

4. 信息服务　农业主管部门要在市场调研的基础上，利用电视、广播、传单等形式为生产者提供及时准确的市场信息。

（二）立足实际，进行科学的品牌规划

实施品牌战略是一项系统工程，开发什么产品品牌是最基本、最先要解决的问题。为避免实际运作中的盲目性，减少不必要的经济损失，应进行科学的品牌规划。根据各地实际，首先要对农产品进行定位，选择有前景、有特色、有效益、有规模、高附加值的生态产品，把这种资源优势转化为品牌优势。其次是开发本区域有特色、叫得响的知名品牌。传统特色农产品在市场上已享有相当的知名度，其产地本身即可成为产品品牌，可以分别以其产地作为产品品牌进行注册，精心打造地域品牌。

（三）利用区域优势，开发绿色产业品牌

当前全社会重点关注食品安全问题，消费者对于食品安全尤其敏感，同样一种蔬菜，得到绿色食品标志认证的肯定要比没有认证的卖得好。安全认证能够提升消费者购买的信任感。因此，农产品品牌打造，从具体落地而言，首当其冲的是打好绿色安全这张牌。由种源培育开始，就要着眼新技术，从源头保证农产品品质。在育苗、培育、推广的阶段，抓好过程控制，保证绿色安全。

第一，力争优质农产品获得中国绿色食品发展中心的认证，获得绿色食品标志使用权。第二，要积极争取获得国际权威机构认证，为区域农产品打入国际市场奠定良好基础。第三，政府有关部门借鉴先进地区经验，遵照国家有关规定，抓紧制定、落实本区域的各类农产品标准，实行农产品标准化生产，并建立田间档案。第四，建立农产品质量检验、监测机构，健全农产品检验监测体系，切实保证农产品的质量安全，打造农产品的"诚信"品牌。

（四）实现土地规模经营

规模经营是实施品牌战略的客观要求。农产品品牌和农产品规模

是相辅相成的两个方面：单有品牌而无规模，形成不了市场优势；单有规模而无品牌，难以打开市场。因而必须做到规模与品牌齐头并进，才能打开市场，形成市场优势。

规模化的农产品发展离不开土地的规模经营。因此，实施农产品品牌战略，必须要实现土地的规模经营，也就是抓好农业生产基地的建设。首先，做好土地流转工作，只有顺畅的土地流转，才能够集中土地资源，形成规模经营。无论采用转包、租赁等哪种形式，都可以积极探讨实施，让需要土地资源的种田能手、养殖大户、农业开发公司拥有土地。其次，走好农业产业化经营之路。采用"公司＋农户""农民专业合作社＋农户""专业技术协会＋农户"等多种形式，统一产品、统一标准、统一品牌，走好农业产业化经营道路。

（五）强化市场监管

地方市场监管部门要充分发挥监管职能，完善监管体制，强化监督措施，紧紧围绕整顿和规范市场经济秩序工作，深入开展各类商品（服务）商标专项治理活动，加大商标市场整治力度，特别要加强农产品商标市场整治工作，严厉打击商标侵权、仿冒行为，维护企业的合法权益。同时，坚持"立足职能、找准定位、发挥优势、主动融入、服务发展、多做贡献"的原则，主动开展行政指导。以打击树声威，以指导谋长效，运用刚柔并济的手段，促使企业自律自警。强化守法意识，从而创立自己的商标品牌，并做大做强，扩大辐射力和影响力。

政府全盘考虑，将农产品品牌建设纳入总体规划，组织农办、供销、农林、工商、财政、质监、商务、食品、民政、税务、交通、金融、法律等多个部门参与农产品品牌建设"大合唱"。对于创立农产品品牌的企业或组织进行政策扶持，推动有序竞争，从顶层设计的角度，做好监管指导工作。

第二节　新时代乡村产品品牌面临新变局

一、从规模化到规范化

一直以来，我国农业生产以小农经营为主，生产规模比较小，效率比较低，成本却很高。近年来，随着农业机械化水平的提高，农业规模化趋势日益加强。

过去在许多地区，大家都会用一个词来形容自己的责任地，那就是：一亩三分地。言外之意就是自己的地少。一些果树区的农户深有体会，种果时难以连片经营，这里几分地，那里几分地，为除虫施肥增加了不少工作量。在种植水稻时，更是难以采用大型机械进行操作。比如收割水稻时，大型收割机下地不用调头就收割完了。一亩三分地的经营，难以规模化运作，实现不了规模化运作农产品成本就很难降下来，谈不上与国际农业巨头竞争，更谈不上农业的现代化。

众所周知，在柑橘和香蕉种植中有柑橘黄龙病和香蕉黄叶病，这两种病害都被业界誉为"癌症"，目前无药可治。业界在探寻导致柑橘黄龙病和香蕉黄叶病蔓延的原因时得出一个结论：散户经营增加了病害的防控难度。

规模化农业，指的是区别于"一亩三分地"小农的经营模式。规模化农业的重点不在于土地面积多大，而在于经营理念的变化。

农产品品牌打造离不开农业的规模化，规模化种植是保证产品品质的基础，品质是打造和积累品牌的基础。规模化种植也是保证产品产量，满足市场销售的前提。品牌化产品的基本特征之一是有长期稳定的销售，可通过各类渠道长期源源不断满足消费者的需求。市场渠道一旦打开，就需要长期稳定的产品供应。如果产品种植规模有限，产量有限，在一段时间内供应不足，这样的产品将很难形成品牌效应。

经过几年的农业产业化发展，农业的规模化不断扩大。对于塑造品牌而言，仅实现规模化并不够，同时还需要实现农产品规范化。

农产品规范化是现代农业的重要基石。国内外农产品发展的实践经验表明，农产品规范化是促进科技成果转化为生产力的有效途径，是提升农产品质量安全水平、增强农产品市场竞争能力的重要保证，是提高经济效益、增加农民收入和实现农产品现代化的基本前提。加快农产品规范化进程，是当前阶段实现农产品品牌化的必经之路。

推进农产品规范化是打造品牌农产品的必然要求。农产品品牌的建设，一个最为重要的基础条件就是产品的质量问题，而提高农产品的质量，规范化是一个绕不开的问题。因此，要大力推进农产品规范化工作，包括农产品生产及加工、流通的规范化。要以农产品规范化提升农产品质量，进而推动农产品品牌的建设。

农产品标准化的内容十分丰富，包括农产品生产过程和加工、流通过程的标准化管理。需要从生产环境（土壤、水质、大气等）、生产过程（肥料、农药、生长调节剂等的施用量、施用方法、施用时间、施用次数等技术规程），到产品品质（外观、营养、卫生质量等）、加工包装（保鲜、贮藏、分级、包装等）等环节的一系列标准，使农产品生产的每一个环节都纳入标准化管理的轨道，形成一套完善的全程标准指标体系，达到农产品质量从土壤到餐桌的全过程控制。

二、从品质化到价值化

农产品标准化是实现农产品品质化的基础和保障。农产品品质化又称为品质农产品，品质农产品是以农产品规模化、区域化为基础，以标准化生产、产业化经营为手段，以名优品牌创建、产品质量认证为标志，以农产品优质安全为核心，以实现较高的经济、生态、社会效益为目的的高产、优质、高效、生态、安全的现代农产品生产体系。

（一）品质农产品以农产品规模化、区域化为基础

按照大生产的格局，发挥区域农产品特色优势，适度集中生产要素从事品质农产品生产，形成较大的生产规模和经营规模，为社会提供较大批量的优质农产品，产生较高的经济效益。规模化、区域化经营是品质农产品的本质要求。

（二）品质农产品以标准化生产、产业化经营为手段

以科学技术和实践经验为基础，把科研成果和先进技术转化为标准。从技术和管理两个层面提高农产品产业的素质和水平，加快传统农产品向现代农产品的转变，形成公司连接市场、市场促进生产、生产带动基地、基地带动农户的格局。

（三）品质农产品坚持以市场为导向

强化绿色食品和有机农产品产地认定与产品认证工作，创建知名企业和品牌，提升农产品的市场占有率和附加值。

（四）品质农产品以农产品优质安全为核心

通过建立和健全农产品质量检测检验体系，执行国家制定的农产品质量标准，并主动把执行质量标准及相应的技术和农艺要求引入农户和龙头企业，严格规范市场准入制度，加强农产品生产资料及辅助材料的监测、许可和认证，从源头上确保农产品优质安全，保障人体的健康。

从品质化到价值化是农产品走向市场、走向品牌化的根本要求。品牌立足于市场和消费者，首要的是站在消费者的角度考虑能够给消费者提供的价值是什么。

农产品的价值化可以从以下几个层级考虑（图3-2）：

第一层级是基本质量型。这类品牌的核心是工艺、质量以及实用性功能，卖的是产品的基本属性价值，满足的也是消费者的基本需求功能。比如猪肉，它的基本功能就是满足消费者吃肉的习惯和营养需求，厂家对自己猪肉质量好、新鲜、安全放心等的宣传就属于这个层级梯次。

第二层级是品质功能型。这个层面的品牌主要宣传的是产品品质功能，在基本功能层面的基础上附加一部分增值功能。比如鸡蛋，强调五谷喂养、自然、新鲜，突出产品品质的特色，明显区别于普通鸡蛋。品质功能型品牌强调差异化，可满足消费者更高一个层级的个性化需求。

第三层级是情感品位型。情感品位型品牌为品牌注入了一定的情感和文化内涵，让产品超越产品本身的基本功能，进入更高的层级。如"为您创造家的味道"就体现出"思念"对中年职业女性的关怀，她们既忙于工作，又要照顾家庭，有时没有足够的时间给家庭带来美味可口的饭菜。"思念"来帮助这类消费者，为她们提供轻松、快捷、方便，可以与家人共享的食品，不仅为消费者带来美味，更送去欢乐与温馨。

第四层级是极致型。当品牌上升到社会价值层面时，则能代表购买或使用者的地位、身份，给消费者带来的是尊重、高贵等极致型体验，极大地满足消费者的精神追求。比如请客喝茅台，不仅说明尊重客人，还说明主人有一定的身份和档次。

品牌每上升一个梯次，价值也会随之有一个量的提升；品牌价值层级越高，企业获取的品牌附加值就越高，利润空间也就越大。

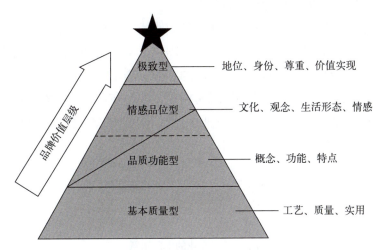

图 3-2 品牌价值层级模型

第三节 新时代乡村产品品牌
战略思维：双定位

一、品牌双定位理论的内涵和意义

我国进入了前所未有的大变革时代，商业竞争进入"跨界、跨时空"的无限度竞争时代，"变"成为这个时代唯一不变的主题。人们在巨变中追风踏浪，众多企业在巨变中或勇立潮头、乘风而起；或被下一波巨浪掀翻，在江海中沉浮。整个商业竞争环境如此，农产品品牌的打造也必须运用全新的思维模式。

一方水土一方农产品，农产品具有明显的区域特色和差异化属性。但是，在打造品牌的过程中，企业或合作社常常苦恼找不到产品和品牌的差异性。比如，全国各地都种植苹果，烟台的苹果、陕西的苹果、宁夏的苹果等各有不同，但是不同之处在哪里，却又说不清楚。许多人会从苹果的甜度、酸度上找差异，从种植方式上找差异，或者从产地温湿度等环境方面找差异。这些都是产品的不同之处，也是构建品牌要思考的问题。但是，这样没有方向的发散式思考方式让品牌定位变成了"打飞靶"的游戏，打中了是偶然和庆幸，打不中则所有的投入变成了企业巨大的负担。

品牌定位有效的方式，应回归到商业模式的根本上去思考。商业的本质是创造价值，增加价值、满足需求、实现盈利，最终体现在供给侧的"产品实现"和满足需求侧的"消费需求"。

品牌的思考是由内而外的思考模式，要站在市场和消费者的角度提出两个问题，第一个问题面对供给侧：你是什么？第二个问题针对需求侧：我为什么要买你（图 3 - 3）。

图 3 - 3　商业的本质示意

以这两个角度为抓手，为品牌精准定位，就是双定位理论。双定位理论是由国内营销咨询专家韩志辉、雍雅君创立，并于出版的理论专著《双定位——品牌战略体系创新思维》中提出的，双定位理论在"2017 中国品牌人年会"上获得"品牌营销理论创新奖"。

双定位理论认为，任何一个成功的品牌，在消费者心智中成功占据了两个位置，并回答了消费者的两个问题：第一，你的产品是什么或者你代表什么？此为属类定位。第二，我为什么要买你或者带给消费者的价值是什么？此为价值定位。两者缺一不可。

比如云贵高原上的昭通苹果，因为阳光充足，受紫外线的照射而产生一些斑点，虽然看起来丑，但吃起来甜。与许多地区表面光洁鲜亮的苹果相比，在外观上不占优势，这样的苹果如何走向更广阔的市场？

运用双定位理论思维进行定位：这种苹果生长在海拔 2 000 米以上的云贵高原，可以说是海拔最高、离天空最近的苹果，高原上昼夜温差大，光照充足，没有污染。

孔雀是云南的名片之一，很多人一想到云南就会联想到孔雀。本地区苹果特有的斑点仿佛孔雀的翎眼，如此联想，一只丑苹果顷刻间与一只美丽骄傲的孔雀交相辉映，"孔雀苹"便成了云南高原生态苹果的代名词。

品牌定位回答了第一个问题，你是什么？我是"孔雀苹"。

第二问，我为什么要买你？吸引消费者购买的独特理由是什么？孔雀苹（云南高原生态苹果）带给消费者的独特食用价值：黄金酸甜比，持久浓郁香，云端上果，岂止脆甜！

围绕品牌双定位创意品牌的各个元素，最后形成了一个完整的品牌形象（图 3-4）。

图 3-4　孔雀苹品牌形象

双定位理论（图 3-5）从生产端开始，回答消费者的第一个问题：你的产品是什么或者你代表了什么？回答这个问题可能是基于分化的品类，也可能是颠覆性的属类。重要的是基于企业的差异化核心优势，从市场竞争和消费者需求的角度去思考你是什么。品牌定位的另一方面是消费端，回答消费者第二个问题：我为什么要买你？分析属类定位的同时必须考虑什么是消费者认为有"价值"的东西；考虑消费者价值的同时也必须考虑与品牌的属类相对应。

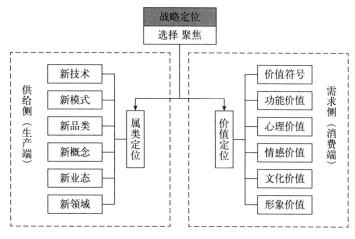

图 3-5　品牌双定位理论模型

比如山东青州一家涉农企业，以当地盛产的敞口山楂为原料，投资购买设备，研发生产程序酿造红酒，志在造福一方百姓。山楂是药食同源果，酿造的红酒黄酮含量高，具有辅助平衡三高的功效，具有较高的营养价值。但是酿造出的山楂干红难以被市场接受，销售成了大问题。因为消费者广泛认知的干红就是葡萄酒，看到"山楂干红"，消费者第一疑虑：山楂也能做干红酒？因为山楂酿酒成本高，因此产品价格并不低，消费者便产生第二个疑虑：市场上山楂比葡萄便宜，山楂酒竟然比葡萄酒贵？消费者难以接受。

根据双定位理论思维对产品品牌重新定位，挖掘品牌文化，打造了创意品牌"圣八礼"（图 3-6）：第一个问题，你是什么？将产品价值和属类锁定在一起，定位为"清高干红"。第二个问题，为什么要买你？进一步强化品牌价值，定位为"三清三平"，"三清三平"是用概念的方式表达"清三高平三高"的价值内涵。属类定位和价值定位的关系可以理解为：因为是"清高干红"，所以能够"清三高平三高"。同样，如果强调其消费者价值"清三高平三高"，就要回答消费者的疑问：为什么可以？回答是因为有不一样的属类"清高干红"。

属类定位和价值定位互相呼应，互相依持。

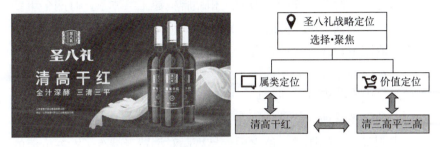

图 3-6　圣八礼清高干红品牌形象及双定位战略

价值定位和属类定位相呼应，只有创新属类，才能提供差异化价值。

双定位理论是新经济时代品牌战略利器，农产品品牌建设用双定位理论来思考和构建，能够直达品牌本质，避免走弯路。

双定位是品牌战略定位的两个角度，也是一个问题的两个方面。这两个方面互为呼应，互为支撑。其中，以属类定位最为关键。若属类定位根基不稳，则价值定位不复存在，反之，若价值定位偏离方向，则属类定位会失去意义。

二、双定位战略是打造乡村产品品牌的思维方式和有效工具

定位理论认为：定位就是在顾客头脑中寻找一块空地，扎扎实实地占据下来，作为"根据地"，不被别人抢占。可以肯定的是，这里的"头脑"是指人的思维能力和内在的心理活动，是看不见摸不着的，是因人而异的，也是无限丰富的。

正因为心智的诡异性，所以在心智中定位变得玄之又玄，成了众多企业家和销售精英捉摸不透的"魔棍"。定位的内涵丰富性和心智的诡异性，让定位变成了"打飞靶"的游戏。每个企业、每个品牌都有自己的定位。成功了，是因为打飞靶偶尔打中了目标；没有成功，只能说定位不准，"打飞靶"真正打飞了。

所以，尽管定位理论在中国影响深远，但是那些被作为案例随时

提及的品牌，大部分是成功后按照定位理论被再度演绎的。

双定位理论有清晰的思考模式和品牌构建工具体系，有两个重要的基点：一是基于供给侧的属类定位，或称为生产端；二是基于需求侧的价值定位，或称为消费端。

双定位理论最有效地连接了生产端和消费端，强调从供给侧的创新和优势出发，根据行业趋势、竞争格局以及消费者的价值维度，找准自己的属类定位，将品牌放在一个最有利的位置上。

当明确自己的属类定位之后，品牌面对消费者就有了发挥价值的空间，基于属类可以创新不同的产品，聚焦更精准的功能，还可以展开想象，给消费者更好的心理享受……

属类的高价值和差异化能够给消费者带来不一样的消费体验和价值，同时基于双定位战略，以双定位为核心构建品牌元素，可使品牌内涵更丰满。

因此，双定位理论以供给侧和需求侧为两翼，是一套思考的逻辑、可操作的体系，是"钳形制胜"。

鲁花诉求"香飘万家"，消费者的思考逻辑是"因为5S鲁花，所以香飘万家"，这就是典型的双定位思维。基于生产端的属类定位是5S压榨花生油，基于消费端价值定位是香。因此，鲁花品牌的成功，正是成功运用双定位战略思维的体现（图3-7）。

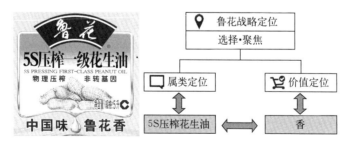

图3-7　鲁花5S压榨花生油品牌形象及双定位战略

同样是凉茶，王老吉诉求"怕上火喝王老吉"，和其正说"大瓶更尽兴"。消费者的思考逻辑是"正宗红罐凉茶，所以怕上火喝王老吉"，基于生产端的属类定位是正宗红罐凉茶，基于消费端的价值定位是能够预防上火。因此，王老吉的成功，亦是成功运用双定位战略思维的体现（图 3 - 8）。

图 3 - 8　王老吉凉茶品牌形象及双定位战略

三、产品品牌是带动企业发展的关键力量

企业品牌以企业名称为品牌名称，能够通过内涵及形象传达企业的经营理念、企业价值观、企业文化以及对消费者的态度，可以打破地域间的藩篱，有效进行跨地区的经营活动。对于企业品牌而言，可以应用于多个产品，起到统领的作用。通过为不同的产品提供统一的形象以及统一的承诺，使产品之间形成关联，达到整合产品品牌资源的目的。

产品品牌，顾名思义就是产品的品牌，与企业品牌有所不同。产品品牌有两个层次的含义：一是指产品品牌的商标、定位、广告语、符号、设计等方面的组合体；二是代表有关产品的一系列附加值，包含功能和心理等方面的价值，如产品所能代表的效用、功能、品位、形式、价格、便利和服务等。

对于乡村产品品牌而言，更重要的是产品品牌。因为消费者购买的是产品，产品品牌是购买的基本单位。所谓品牌，是在消费者的心智中占据了某个定位的商标。虽然品牌不仅仅是商标，但品牌构建的内涵中首先要有一个可注册商标，商标的背后是某个产品或某项服务。因此说，品牌的背后一定是产品。

企业和品牌其实完全不同。首先，企业和品牌面对的人群不同，品牌是面向市场和消费者的，目的是建立品牌影响力，打开市场扩大销量；企业是拥有和运营这个品牌的组织，企业着力推广的，不应该是企业，而是品牌。商业上很多优秀的世界知名品牌，人们并不知道其背后的公司或企业是谁。

企业品牌是依托在产品品牌之上的品牌。如果没有强势的产品品牌，企业品牌就是空谈。因此，对于农产品品牌而言，最重要的是从产品定位出发，结合竞争性产品、自有产品及消费者需求，提炼出品牌的核心价值，赋予品牌价值感，从而打造一个强势的产品品牌。产品品牌有了基本的架构之后，再经过推广传播，产品在市场中占据一定的份额，消费者对产品品质充分信任，知名度和美誉度不断提升。在消费者不断购买产品的过程中，固定的消费群体也就是铁杆粉丝逐步积累，这些铁杆粉丝对品牌的独特价值深信不疑，喜爱并追随品牌的个性主张，不仅重复购买，而且还会捍卫产品。当一个产品有了市场规模，也有了铁杆粉丝，也就真正形成了一个产品品牌。

有了真正的产品品牌，才能够带动整个企业发展。进行相应的规划和提升，对于打造企业品牌至关重要。可以说，产品品牌是带动企业发展的关键力量。企业品牌的规划与产品品牌有较大差异，首先在品牌联想方面，企业品牌要比产品品牌更有内涵，主要体现在对其品质的认同、对消费者的态度、社会责任感、口碑以及其在市场上的影响力。企业品牌宽，产品品牌窄；企业品牌厚，产品品牌薄；企业品牌发散，产品品牌聚焦。

优秀的品牌追求企业品牌价值与产品品牌价值平衡，即企业品牌价值等于产品品牌价值，其特点是消费者提起企业品牌就会联想到企业的产品品牌；同样，一提到产品品牌就会联想到企业品牌。出现这种现象的原因是企业在制定品牌战略的时期明确规定将企业品牌与产品品牌进行"捆绑式"打造，将资源集中在一起，在推广产品品牌时附带塑造企业品牌，反之在树立企业品牌形象时也附带打造产品品牌。运用此法，经过长期推广与品牌积累，企业品牌与产品品牌就像一对"孪生兄弟"不分彼此，而且令人印象深刻。这种互相促进、互为补充、良性循环类型称为"双赢型"品牌战略。

四、"土字号""乡字号"产品品牌的战略思维

(一) 好产品是走向好品牌的第一步

这里说的好产品强调的是产品的特色化，我国农业分布广泛，不同区域农产品各有特色，因为各地地理环境、自然环境和人文环境不同，农产品品牌的打造应因地制宜，将当地最有特色的农产品作为当地的主导产业，做出亮点、做出成效，切忌全面出击，平均用力。我们常说的"一村一品"，是一村做好一个产品，不是一村做一个品牌。要认证一批"三品一标"产品，即无公害农产品、绿色食品、有机农产品和农产品地理标志，从中选择最有特色的安全优质农产品作为公共品牌培育。如陕西的洛川县数十年如一日地做强苹果产业，使"洛川苹果"这个公共品牌全国驰名，同时也带动了当地企业的产品品牌。

简单来说，产品的价值在于解决用户的问题。只有切实解决了用户的问题，产品才会有价值。如果不能达到这个要求就不是好的产品。

明确了这个目标，怎样才能挖掘产品的价值呢？首先要建立"由外而内"的思维，经营者应能够清晰地回答以下问题：谁是这款产品的消费者？产品能够为这部分消费者提供什么价值？解决什么问题？

产品好不好不是某个人说了算，是市场说了算，消费者说了算。产品和用户的需求不匹配，即使再好也只是自我感觉良好。如果花费大量时间去开发一款好产品，到底是开发出了企业认为好的产品，还是消费者认为好的产品？虽然说要首先考虑消费者的感受，但这一点说起来简单，做起来并不容易。因为我们常常"身在其中，不知其外"，要找准产品的价值，开发出真正能够让市场接受的产品，需要的不仅仅是技术人员的视角眼光，更需要市场人员、专业营销咨询顾问的审视和指导。

那么究竟什么样的产品算好产品呢？当前市场营销已经从传统营销时代进入了互联网营销时代，好产品的标准也发生了改变。传统营销时代经历了渠道为王、终端为王的大抢滩、大分销阶段，好产品的标准不外乎三个方面：品质好、安全和可信赖。只要品牌具备了这些特征，加上足够的广告宣传，强有力的市场推广，就能够迅速成长为

大品牌。我们熟知的蒙牛、伊利、娃哈哈、香飘飘、营养快线、汇源果汁、六个核桃等都是传统营销时代的好产品典范。

传统好产品的标准是建立在传统消费者的传统购买心理和购买过程之上的。美国广告学家 E. S. 刘易斯在 1898 年提出的 AIDMA 理论，认为消费者从接触信息到最后达成购买，会经历五个阶段：

引起注意——引发兴趣——唤起欲望——留下记忆——购买行动

基于这样的消费行为，传统营销方式注重以大力度的广告拉力来引起注意，引发兴趣。

到了互联网时代，普遍认为消费者购买方式发生了改变，新的路径是这样的：

引起注意——唤起欲望——网络搜索——购买行动——主动分享

基于这样的消费方式，几年前互联网搜索引擎大行其道，当人们以为这就是最新的购买行为方式时，时间进入了移动互联网时代，人们的消费行为继续发生变化，最新的路径变成了这样：

产生需求——主动搜索——比较评估——购买行动——主动分享——重复购买

进入互联网营销时代，快递取代着传统渠道，社会化媒体取代着传统广告，手机 App 取代着逛街。移动互联网营销时期可以称为消费者主权驱动时代。消费者从旁观者、购物者，变成了传播者、投资者和体验者。基于互联网诞生了一大批全新的产品和品牌，如三只松鼠、韩都衣舍、林氏木业、良品铺子、好想你等。这个时代的好产品，有了不同的标准，不仅要求产品品质好，更要求颜值高、体验感强、有传播价值。这样的好产品，消费者一看就喜欢，体验就想买，买后愿分享。因此，在消费主权时代，好产品的标准有三个：一是要有用，即有使用价值，产品品质好，能够满足消费者的使用需求；二是要有范，即有体验价值，产品颜值高，设计精美、包装有范、时尚靓丽，这样的好产品，消费者才愿意花更多的钱去买；三是要有料，即有传播价值，在移动互联网时代，每个人都是品牌传播的主体。消费者愿意随时拍照片，发朋友圈、微信群，以及抖音、火山小视频等，通过各种媒体分享有故事的产品。

移动互联网时代的好产品，要具备成为"爆品"的潜质。爆品绝不简单是低价、免费、吸粉的产品，真正的爆品是品牌的战略产品。品牌一般会有系列产品，多款系列产品可能是多年的老产品、老形象，为在新时代吸引年轻消费者的注意力，就要重新推出全新的产品，打造有用、有范、有料的爆品。爆品带来的不仅仅是产品销量的提升，同时也会带动品牌升级。爆品的力量在于能够在目标人群中持续制造话题，相对其他普通的产品，话题性和传播性是爆品最有力的武器。

好想你联名故宫定制礼盒，其产品是新疆特产特级阿克苏灰枣（图3-9），具有有用、有范、有料的特点。特级阿克苏灰枣产品品质好，能够满足消费者的使用需求；联名故宫定制礼盒，颜值高，设计精美、包装有范；好吃又好看，本身就值得炫耀一番。

图3-9 好想你联名故宫定制礼盒

以互联网电商为契机快速发展起来的三只松鼠，在做好产品品质的同时，也很注重自己的 IP 形象（图3-10），通过 IP 化的萌宠造型，实现了好吃、好看、好玩。

图3-10 三只松鼠 IP 形象

（二）品牌价值的核心在于讲好故事

1. 好的品牌故事要具备的内容 好的品牌故事要能戳中受众的情绪按钮，引发情感共鸣。

好的品牌故事，一定与消费者有匹配的价值观。如果价值观匹配，品牌对消费者而言就像一个可靠又有主见的好朋友，这会使品牌变得更可信、更亲切。

好的品牌故事要有冲突。可以是竞争的冲突，也可以是产品的冲突，还可以是购买的冲突，甚至是包装上的冲突。只有冲突才能更有效地传播品牌核心价值。

好的品牌故事要有生命力。企业讲故事要从"是什么"讲到"意味着什么"。品牌故事必须有意义，让员工为企业自豪。

当前，竞争是企业获取资源最常规的方式，而品牌日益成为企业竞争最有力的武器，这也引发当下越来越多企业家的思考：如何讲好本企业的品牌故事，传播好企业的声音。

企业塑造品牌的主要目的，就是用情感和服务与消费者进行联系，为消费者创造一种愉快和难以忘怀的消费体验。品牌故事则是通过对品牌的创造、巩固、保护和拓展进行故事化讲述，并融入品牌的背景、文化内涵、经营管理理念之中。品牌故事对于公司的营销起着积极的作用，对消费者产生一定的思维影响。消费者一旦和品牌故事产生共鸣，便会对品牌产生信任感，并且不会轻易改变。

2. 什么是好故事 一个好的品牌故事，必然对受众具有一定价值的信息。这个价值的概念比较宽泛，不同的人群有不同的价值诉求——你视若珍宝的，他可能弃若敝屣。一个品牌不可能满足所有人的价值诉求，也就不必强求自己讲的故事被所有人接受，品牌的定位和品牌故事的讲述对象都基于此。

河北献县肉鸭产业是当地经济支柱产业，乐寿集团种鸭繁育业务主要产品为肉脂型北京鸭鸭苗。该品种已通过国家畜禽品种审定委员会家禽专业委员会审定，皮脂率高、肉质鲜嫩细腻，是理想的生产高端北京烤鸭的新品种。乐寿集团以鸭坯产业为主，延伸产业链，迎合市场对于北京烤鸭的标准化、连锁化需求，打造"乐寿御坊"北京烤鸭品牌，以终端产品品牌拉动鸭业产业链健康发展（图3-11）。

乐寿鸭业一二三产融合产业链为：

种鸭繁育——肉鸭养殖——畜禽饲料——屠宰制坯——烤鸭连锁

图3-11　乐寿御坊店面形象

献县与北京烤鸭有着丰富的历史故事和民间传说，如何挖掘提炼，讲好"乐寿御坊"的品牌故事，是值得思考的问题。

献县境内有子牙河、滹沱河等五大河系，与古大运河水脉相通，历来是养鸭者的首选。乐寿鸭因"冯异献鸭"的故事被称为"御鸭"，享有"燕赵一绝"的美誉。另外，有关北京烤鸭、明代两京御路的修建以及献县单桥——世界最长的不对称石拱桥，均流传着许多有趣的故事。根据历史考证和民间故事，乐寿御坊挖掘了以下品牌故事。

乐寿御坊品牌故事

公元24年，刘秀走国途经乐城县（今献县），饥肠辘辘。大将军冯异在滹沱河畔遇放鸭人，称其乐寿鸭美味无比，遂烤熟一只，送予刘秀。次年刘秀称帝后，诏令进贡乐寿鸭，乐寿御鸭从此名闻天下。至元朝，大运河与滹沱河水脉相通，乐寿鸭顺大运河进入京城，成为后来北京鸭重要一支。至明朝迁都北京，烤鸭沿两京御道进入京城，单桥成为皇帝歇息吃烤鸭的重要驿站。至清代康乾期，皇帝沿两京御道南巡必经单桥。一次乾隆皇帝在单桥与大臣共享乐寿烤鸭，兴致勃勃问纪晓岚："爱卿，这烤鸭为何如此好吃？"纪晓岚脱口而出："一照二烤三燎，正香正酥正品！"乾隆不禁龙颜大悦。如今，乐寿人重修乐寿御坊，将乐寿御鸭与北京烤鸭的历史佳话代代传承。

好故事拥有挑起人们强烈情绪的能力，无论这种情绪是感动、悲伤、狂喜、愤怒或是恐惧，只要情绪足够强烈，就意味着更容易形成记忆。

陕南安康地区有一个牛秘酱品牌，以当地的莲藕、辣椒、香菇等农产品为原料，采用独特的炒制和防腐工艺。品牌名称来自当地的著名风景区擂鼓台，名为"将军擂鼓咚咚锵"，通过深入挖掘品牌历史文化，将军擂鼓咚咚锵创意了以下品牌故事（图 3-12）。

将军擂鼓咚咚锵，胜利必吃牛秘酱

蜀汉时期，张将军每次出征，必仰头吃完牛秘酱，战鼓擂得咚咚锵，一鼓作气打胜仗。清康熙年间，安康锁氏沿用大块牛肉酱秘方，加入新鲜莲藕，以小锅手工炒制，块块鲜香。将军擂鼓咚咚锵，胜利必吃牛秘酱，遂流传至今。

图 3-12　将军擂鼓咚咚锵牛秘酱

第四章

乡村产品品牌价值表现

品牌形象钻不是简单的设计和包装，不是一个"看起来美"的外在形象，而是品牌内涵的折射，是以定位为核心的品牌战略模型：以双定位为核心，用七个元素让品牌内涵更丰满。

第一节　好品牌必须有鲜明的品牌形象

形象是一个人对某一对象所具有的信念、观念和感想的综合体。人们对于产品和服务的态度和行为在很大程度上会受其形象的影响。

无论在意与否，每个人都有自己的形象表现，而且一个人的形象在人格发展及社会关系中扮演着举足轻重的角色。

一个人在其他人心里有一个独特的形象，对于同一个人，不同的人也有不同的看法，但基本上大部分人会有相似的看法。这是因为，他人是通过观察、聆听、气味和接触等各种感觉形成对某个人的整体印象，你展示出来的，就是别人能感受到的。

但是，一个人在他人心中的形象，并不一定等于其个人本身，而是他人对这个人的外在感知。不同的人对同一个人的感知又不会完全相同，因为其正确性常受人的主观意识影响。因此，在人的认知过程中大脑中会产生不同的形象。

所以，有许多人努力在公众面前塑造自己某种独特的形象，就是想在他人心里形成一种特定的价值，通过装束、发型、谈吐以及学历和各类头衔等，向他人展示自己的核心价值和人格特质等。

同样，品牌形象是指企业或其某个品牌在市场上、在社会公众心中所表现出的个性特征，它体现公众特别是消费者对品牌的评价与认知。品牌形象与品牌不可分割，形象是品牌表现出来的特征，反映了品牌的实力与本质。

一、鲜明的品牌形象有利于区隔竞争对手

纵观国内外知名品牌，一提起来那些让人耳熟能详的，脑子里立即出现这一品牌的某个形象，也许是品牌名称和 LOGO，也许是一句广告语，也许是一幅画面，也许是一个图形符号……

同行业互相竞争的品牌，其品牌形象尤其突出。比如常温酸奶市场竞争的三个对手，蒙牛、伊利和光明乳业，分别推出了纯甄、安慕希和莫斯利安（图 4-1），各自品牌的形象既有相近的元素，又有完全不同的区隔，消费者既能一眼看出是常温酸奶，又有不同的品牌选择。

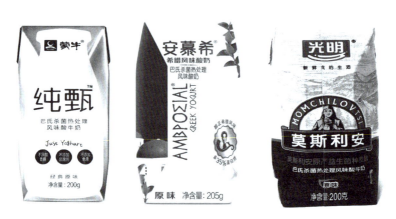

图 4-1　纯甄、安慕希和莫斯利安品牌形象

二、鲜明的品牌形象有利于高效传播

品牌形象不仅仅是为了区隔竞争对手，更是为了更高效传播，让消费者能够更快识别和体验。尤其对于连锁餐饮品牌，视觉的高效传播意义更为突出。比如绝味鸭脖和周黑鸭（图 4-2），同样是鸭脖产

品，两大品牌的视觉形象截然不同，一红一黑，各有特色，消费者在很远的地方就能识别出来并产生记忆。

图 4-2 绝味鸭脖和周黑鸭品牌形象

三、鲜明的品牌形象有利于建立品牌信赖

为了获得用户对品牌的信任感，农产品品牌必须有鲜明的品牌形象。

品牌形象是为了让消费者感到名副其实、货真价实，产生对产品和品牌的信赖感。比如和消费者息息相关的大米、鸡蛋、肉类等品牌，鲜明的形象是吸引消费者购买的直接力量（图 4-3）。

实际上，视觉往往先于文字被大脑接受，人类接收的信息 80％来自视觉。顾客无法直接看到品牌的文化和内涵，却可以通过视觉对其外部形象一目了然。

图 4-3 福临门、北大荒和五丰品牌形象

第二节　品牌价值表现体系：品牌形象钻

一、品牌形象钻与品牌双定位战略

所有的品牌感知活动都要围绕着品牌形象战略进行，比如LOGO及其VI、主画面、包装、吉祥物、代言人等，都有统一的品牌形象元素。实际上，品牌形象就是品牌战略定位的直接体现。

品牌是什么？对于消费者来说，品牌代表信赖与可靠，代表放心，代表了解，代表个性和自我实现；对于企业来说，品牌意味着更高的附加值，包括更高的忠诚度、更大的边际收益、对价格的弹性反应、营销沟通的有效性、更多的合作与支持，以及品牌延伸的可能性。

如果问消费者为什么选择某一品牌，消费者的回答常常是模糊的，更多是凭感觉。实际上，消费者选择某个品牌源于潜意识中对于品牌的认知，或者说在潜意识里，消费者会问品牌以下几个问题。

第一个问题：我为什么注意到你？

第二个问题：你是什么？

第三个问题：与我何干，我为什么要买？

第四个问题：我为什么要相信你？

第五个问题：买得值吗？

这五个问题分别对应着品牌形象钻的七个元素。第一个问题，也许是品牌的名称标识、主视觉形象或者广告语吸引了消费者的目光；第二个问题即品牌定位；第三个问题要回答出品牌的概念点和利益点；第四个问题要回答品牌价值和定位的支持点；第五个问题要告知品牌在消费者心中的价值。

实际上，消费者购买产品的时候，并没有理性地问过这几个问题，甚至消费者在购买某种产品或服务的时候"没有想过为什么，莫名其妙就买了"，或者"也没有考虑那么多问题，说不清是因为什么"，调查中，许多消费者这么说。

实际上，不是消费者没有考虑，而是消费者没有意识到，因为大部分关于品牌的信息保存在消费者的潜意识里，一旦某个信息触动了消费者的潜意识，就会促使其做出购买决定。

品牌要回答的五个问题，就是把品牌的关键信息通过品牌形象和传播，完整地植入消费者的潜意识，逐渐变成消费者的有意识，这样一来，品牌就有了自己的生命力。

如何回答这几个问题，消费者关注的核心是什么？我们用一个简单的工具来解决，就是品牌形象钻（图4-4）。品牌形象钻体系是由国内营销咨询机构光华博思特于2010年创立的，该工具体系最早出现于韩志辉博士出版的专著《冲向第一》中。品牌形象钻是品牌的战略体系，也是品牌完整的形象系统。品牌形象钻包含七个元素：双定位、品名标识、主视觉、广告语、概念点、利益点和支持点。

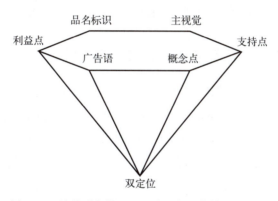

图4-4 品牌形象钻——品牌形象价值体系七要素

品牌形象钻不是简单的设计和包装，不是一个"看起来美"的外在形象，而是品牌内涵的折射，是以定位为核心的品牌战略模型：以双定位为核心，用七个元素让品牌内涵更丰满。因此，必须站在品牌战略的高度认识品牌形象钻。它是能够影响品牌营销全局的策略，对品牌总体具有关键性的意义，而且长期具有相对的稳定性。

通过品牌形象钻的展示，消费者可以在产品的包装上，在超市的展台上，在人们的手提袋上，在高速路上扑面而来的广告牌上，在各类广告展架和促销物料上，不知不觉中记住品牌的信息，品牌的信息从此被润物无声地植入消费者心里。

品牌战略双定位和品牌形象钻的关系如图 4-5 所示。

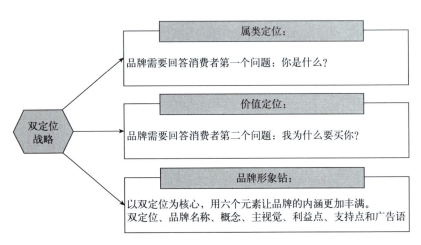

图 4-5　品牌双定位战略和品牌形象钻关系

二、品牌名称和标识：品牌不倒的帅旗

任何一个品牌，都像是一个有生命的奋斗者，在或长或短的一生中，努力地攀登，时间越长，积累的资源越多；任何一个品牌，又像一个孜孜矻矻的修炼者，在通向顶峰的路上，背负的东西越来越少，最终只有一面旗帜，插在峰顶，这就是品牌的名称和标识。

关于农产品品牌的名称和标识，一是要申请商标专用保护权，要注册品牌名称，避免后期可能发生的商标权之争；二是命名要简单容易记忆、易传播，比如 IBM、海尔、耐克、奔驰、小米、苹果等命名；三是品牌名要有正向的联想；四是品牌名称要能暗示产品的属性，最好透过名称就能看出是什么类型的产品，比如五粮液、脑白金、营养快线、六个核桃等这些命名。

一个品牌的名称一定要从产业未来、品类属性、消费者价值、发展目标等角度进行深入的研究，如果单纯为好听，取一个毫不相关的名称，会增加很多传播成本，在互联网信息爆炸的今天，很难让消费者形成记忆。从品牌传播和记忆的角度来说，品牌名称最好能体现产品的属类定位，即从名称中知道是什么，或者体现价值定位，知道为什么要买你。

由四川省畜牧科学研究院经过多年研究，以中国优良地方品种川藏高原藏猪为素材培育成优质母本新品系，以巴克夏黑猪育成雪花丰富的父本新品系，选育出当前我国优质风味黑猪配套系——川藏黑猪，并于 2014 年获得"国家畜禽新品种（配套系）证书"。

川藏黑猪以肉质优、繁殖力强、生产效率高为主要特性，其产仔数为 12.5 头/窝，胴体瘦肉率达到 57.72％，肌间脂肪含量为 4.07％±0.30％，"川藏黑猪配套系培育及应用"科技成果获四川省科技进步奖一等奖。

2018 年 7 月 27 日，四川省畜牧科学研究院与四川铁骑力士集团在成都就"川藏黑猪"重大科技成果进行协议转让，由铁骑力士全权负责川藏黑猪的开发和经营。川藏黑猪的市场化运作，首先考虑如何建立品牌，以黑猪肉品牌带动川藏黑猪品种影响力，继而实现川藏黑猪优良品种的推广与应用。川藏黑猪脂肪厚度适中，凝滑如玉。肌间脂肪高达 4.07％左右，形成优质雪花肉。可用"琼玉雪花"定义川藏黑猪肉风味新高度，演绎黑猪肉美味传奇。创意什么样的品牌名，才能够传递川藏黑猪至高的优良品质，能够与川藏黑猪品种产生直接的联想，同时能够勾起消费者对于川藏黑猪肉的购买欲望？川藏黑猪、世界屋脊、琼玉雪花，沉浸其中反复思考——"屋脊雪"创意淋漓而出（图 4 - 6）。屋脊雪：世界屋脊，青藏高原，从远古时期走来的一头黑猪。它优良的基因历千年不改，以其为主要素材培育的川藏黑猪，肉质细腻，雪花纹理丰富，是世间难得的珍贵品种。

品牌形象钻七元素中，品牌标识就是我们熟悉的品牌 LOGO，每个品牌都有其独特的标识。LOGO 对于企业或品牌有识别和推广的作用，通过形象的 LOGO 可以让消费者记住公司主体和品牌文化。

LOGO 在各个领域应用均十分广泛，主要作用是传递产品形象。由于出现频率最高、应用最广泛，同时也是最关键的元素，因此拥有强大实力的企业，其 LOGO 寓意深刻，通过反复刺激和刻画，可深刻地留在消费者的脑海里。

图 4 - 7 是一些农产品品牌的名称和 LOGO 设计展示。

图 4-6　屋脊雪品牌形象

图 4-7　一些农产品品牌的名称和 LOGO 设计

　　品牌标识是一种"视觉语言"，通过一定的图案、颜色来向消费者传输某种信息，以达到识别品牌、促进销售的目的。品牌标识自身能够创造品牌认知、品牌联想和消费者的品牌偏好，进而影响品牌体现的品质与顾客的品牌忠诚度。因此，在品牌标识设计中，除了最基本的平面设计和创意要求外，还必须考虑营销因素和消费者的认知、情感心理。

　　品牌标识设计的关键点：一是容易识别和记忆，标新立异，能让人过目难忘；二是具有行业相关性，标识能让人感知到这个品牌是干什么的，能带来什么利益；三是能给人以美好的联想，造型优美流畅、富有感染力，带给人视觉和心理上的美好感受。

三、品牌概念：建立差异化壁垒

在高度竞争的市场，如何建立品牌的差异化，如何建立竞争壁垒，如何积累品牌资产，如何用市场语言表达品牌拥有的技术价值，如何用消费者术语精确阐述产品的创意，解决这些问题，都需要一个独特的、精准的、形象的概念。

概念运用最为经典的案例莫过于三十年前进入中国的日化香皂品牌舒肤佳。舒肤佳在中国市场，凭借的不仅仅是造型独特的产品和铺天盖地的广告，实践证明，大部分广告的力量也是有限的，其威力仅仅体现在广告时期，如何让广告产生深入人心的持久的力量，那就要依靠品牌背后的逻辑。概念绝不是忽悠，而是智慧；概念是实现差异化的捷径。

舒肤佳诉求"杀菌香皂，洗去99％的细菌"，大多数人只是看到了这个表现出来的利益诉求，并没有注意到，支撑其"杀菌"诉求的，其实是迪保肤这一独有的概念。它的品牌逻辑是舒肤佳因为独含迪保肤因子，所以可"洗去99％的细菌"（图4-8）。

图4-8　舒肤佳的品牌逻辑

品牌概念从本质上说就是产品带给消费者的价值和利益，任何产品都有其存在于市场的理由，这些理由是消费者对该产品利益存在的需求。

随着卖方市场转变为买方市场，市场上的产品急剧增加，种类日新月异，在日益激烈的市场竞争中，不同企业提供的同类产品在品质上越来越接近，同质化严重；此外，随着社会经济的发展和人民收入水平的提高，顾客对产品的非功能性利益越来越重视，在很多情况下其至超过了对功能性利益的关注。于是一些企业逐渐摆脱了传统产品概念的束缚，调整了以往的竞争思路，不仅通过产品本身，而且还通过在款式、品牌、包装、售后服务等各个方面创造差异以赢得竞争优势。

品牌的概念必须新颖、独特，能够引起消费者的兴趣；或者好记忆、易传播，能代表产品发展趋势；或者代表一种新的生活方式（消费观念）。品牌概念不是技术意义上的概念，而是市场意义上的概念。产品的技术含量最高的点不一定就是概念点，而最能体现出与竞争对手差异的点通常会成为概念点。

长春大米品牌三碾香，用"三低三防"的概念支持品牌价值"营养鲜米"，并通过对创新概念词语的商标注册进行知识产权保护，实现差异性和唯一性，成为品牌长期积累的有效资产。"三低三防"的具体含义：三低为低温碾白、低温烘干、低温冷藏，三防为防爆腰、防潮湿、防陈化（图4-9）。

图4-9　长春大米品牌三碾香的"三低三防"

四、品牌利益：让消费者情有独钟

关于品牌利益点的内涵有多种说法，其中之一认为包括两个方面：功能性利益和精神性利益。功能性利益指源于品牌属性使消费者获得的独特效用，满足的是消费者对品牌的功能需求；精神性利益指源于精神因素而使消费者获得的满足。

结合当前网络营销时代的特点，农产品品牌的利益点可以从三个方向考虑：一是感性的利益点，二是感官的利益点，三是理性的利益点。

功能利益不必多说，比如产品成本低廉、质量稳定、技术创新、款式新颖、健康、安全、节省时间等，但要选择哪一点作为诉求点和宣传点要特别斟酌，一定要让诉求点得到广大消费者的认可并超过竞争对手。比如一次性婴儿尿布刚开始推出时，广告诉求点定位在减少母亲的劳动量上。虽然这个利益点是现实存在的，但却并不能得到消费者认可。因为母亲不会不顾孩子的感受而考虑自己的辛苦，任何母亲都想让自己的孩子更舒服些。后来，一次性尿布的广告诉求改成了更能保护婴儿的皮肤，才得到了广大消费者特别是母亲们的认同。因此，诉求点不一定是企业最擅长的利益点而是消费者最关心的利益点。

情感利益是指给消费者带来的心理享受，令人有面子、增加名气、美丽出众、感觉清新爽洁、受赞赏倾慕、增加自信、生活更舒适等。在利益点的诉求上，可以同时注重功能利益和情感利益的诉求，具体因产品或品牌的发展阶段，或者根据对品牌的定位、广告语等的诉求方式而变，运用之妙存乎一心。总之，应尽可能同时展示产品的功能利益、情感利益，从而提升品牌的心理价值。

河北邢台核磨坊细磨核桃，是利用当地核桃资源优势打造的一款植物蛋白饮料。在六个核桃等大品牌强势竞争的市场，核磨坊细磨核桃提炼出独特的品牌价值"深吸收"，提供给消费者差异化的利益点（图4-10）。

在营销上，有句话是"认知大于事实"，一个产品具有再多、再好的价值，如果消费者不知道、不认同，那么所有价值都不能为其增值。所以，我们常说，不要只是告诉消费者产品的功能，还要明确告诉他们产品的功效。这个功效就是产品能带给消费者的好处。只有好处才是消费者真正关心的，才能够成为打动他们的利益点，在情感上满足他们的需求，唤醒他们内在的消费冲动。

只有明明白白、直截了当地说出产品的利益点，把产品的功能价值信息点变成消费者利益点，让消费者了解产品能为他们带来什么，才有可能吸引他们，也才有可能提高产品的附加值，并将产品的价值

图 4 - 10　核磨坊细磨核桃

切切实实地转化为品牌的优势。

　　河南康达尔鲜鱼品牌鱼八喜采用黄河沙滤净水养殖，在捕捞前"停食净养 60 天"，利用独有的"活尔净"生态养殖体系，为消费者提供"活水净养"的生态鲜鱼（图 4 - 11）。

图 4 - 11　鲜鱼品牌鱼八喜的"活尔净"生态养殖体系

五、品牌主视觉：让消费者牢记心中

想象一下，

在相遇的一瞬间，是什么让你怦然心动？

让你印象最深刻的是什么？

反复在你脑海里重现的是什么？

让你心跳加速，血压上升的是什么？

就是那个画面，如惊鸿一瞥，让你一秒钟爱上……

　　品牌形象钻七元素中，主视觉是最重要的视觉元素。主视觉表达品牌的基本属性，即品牌"是什么"的联想，用最简洁的视觉符号表达和阐释深奥的品牌内涵。即使消费者不知道品牌的名称，但是能通过主视觉形象感受到品牌的价值。

　　品牌主视觉要能体现符号化。优秀的品牌主视觉符号，是从品牌或者产品的差异化出发，找到品牌自身独有的价值符号，并且创意性地进行画面表现，最终在消费者眼前呈现一个让消费者一眼就能记在心中的品牌符号。

　　对品牌主视觉符号最重要的要求是创意。主视觉符号是对品牌价值、定位和利益点最直接的诠释，是品牌定位最简洁、最有力的表达。主视觉符号不仅追求美，更要直接有力，能卖货。

　　为表达重庆长寿区山猪品牌深林氧山猪在山林氧吧的生态环境，主视觉符号创意为一头山猪从一个氧气符号中走出，独特的符号给消费者留下美好的联想和深刻的记忆（图4-12）。

图4-12　山猪品牌深林氧

　　为表达山东聊城净菜品牌"田厨鲜达"中国生态净菜龙头品牌的品牌定位，设计师创意运用各类蔬菜组合成龙头符号，极具冲击力和联想度（图4-13）。

　　为用视觉符号表达野蛮香黑猪肉品牌长白山散养黑猪肉的品牌定位，设计师采用长白山特有元素榛子、雪松、皑皑白雪等，创意设计一头黑猪从榛子壳里走出的品牌视觉符号，形象生动地表达了该品牌的品牌定位（图4-14）。

图4-13 净菜品牌"田厨鲜达"

图4-14 黑猪肉品牌野蛮香

为用一个视觉符号表达营养鲜米三碾香品牌的品牌内涵，设计师将传统的碾米场景和一粒晶莹剔透的大米结合起来，创意设计了营养鲜米品牌三碾香的视觉符号（图4-15）。

图4-15 营养鲜米品牌三碾香

六、品牌广告语：给品牌插上翅膀

广泛流传的对于广告语的定义就是品牌标语，品牌广告语是该品牌的主张或承诺。

品牌是通过长期的传播积累来完成认知的，具有一定的稳定性、识别性。品牌广告语具有简洁、短小、精练的特点，字数控制在10个字左右，通常都是一两句话。广告语的诉求有三个层面：一是品牌的主张，二是品牌的承诺，三是给消费者带来的利益。这三个层面，可以单独出现，也可以结合在一起出现。

目前见到的广告语按性质功用可分为三大类：品类广告语、品牌广告语、产品广告语。这三类广告语，各负其责，相辅相成，在品牌传播中起到并肩作战的作用。

品牌是多种形象的集合，包括企业形象、产品形象、技术形象、服务形象、市场形象、社会形象等几个层面。这几个层面通过传播，在消费者的心智中占据一定的位置，形成品牌。所以在不同的层面，广告语可以有所不同，相同的是品牌的核心价值。

广告语是品牌在市场营销传播中的口号、主张、主题、理念以及品牌定位，品牌诉求的理念就是通过广告语来传播、表现的。

大部分品牌广告语是品牌的主张诉求，也就是价值理念诉求。价值理念是人类思想的凝练，具有深刻的内涵和正向的联想，易于使人产生共鸣。价值诉求具有高度的概括性，表现形式简洁，朗朗上口，容易记容易传播。如果坚定不移地传播，日久天长必定会形成有效的理念积累。

广告语所主张、承诺、倡导的东西务必是肯定的、正面的、蕴涵品牌价值的，这样才能给品牌插上翅膀。

对于广告语的设计应注意两点：第一，不要高估消费者的品位，也就是说广告语必须直白易懂，不要咬文嚼字，如果一句广告语需要消费者回家翻字典才能知道你说的是什么，那就不行了；第二，不要低估消费者的智慧，即不能欺骗消费者，虚假的总有一天会露馅，露馅的那天就是产品和品牌倒掉的日子。

苹生缘牌烟台苹果，品牌名称苹生缘，抓住中国人讲究缘分、礼尚往来、送礼送心意的社交特性，带给人们美好的认知。广告语则直接诉求产品卖点"甜"，不仅是普通的"甜"，而且是"知心甜"。"苹生缘，知心甜"，品牌名称与产品卖点完美结合，易懂易记，朗朗上口。

部分农产品广告语展示：

田厨鲜达净菜——好净菜，从田开始；

好当家海参——天然好海参，天天好当家；

三碾香营养鲜米——三低三防三碾香；

野蛮香黑猪肉——三野五谷野蛮香；

核磨坊植物蛋白饮料——浓浆细磨深吸收；

鱼八喜生态鲜鱼——活水净养鱼八喜；

豆黄金豆干——随时吃的黄金蛋白；

咩咩阳春羊奶——我从山里来，滴滴奶黄金。

七、品牌支持点：给消费者吃上定心丸

塑造品牌需要强有力的支持点。品牌的价值、定位、广告语等品牌表现，都要有支持点给予足够有力的支撑，让消费者对品牌产生更深层次的关注和信任。

大部分乡村产品都与吃相关，尤其是在食品安全地位越来越重要的今天，消费者对于品牌的可信度十分关注。因此，作为一个令消费者放心的产品，必须要有可信赖的支持点。

品牌常见的支持点包括原料支持、产地支持、文化支持、权威认证支持、标准支持和工艺支持等。

蒙牛旗下特仑苏品牌，是让支持点成为品牌核心差异化的品牌典范。特仑苏的"不是所有的牛奶都叫特仑苏"说出了特仑苏与其他牛奶品牌的差异性，其背后的逻辑是它的产地——中国乳都核心区和林格尔，地处北纬40°左右属中温带暖湿季风性气候，是世界公认的优质奶源带（图4-16）。

八公山翁豆腐，品牌定位为"豆膳世家"，公司通过"九道仙香工艺：三道保香、三道出香、三道凝香"来支持该品牌定位（图4-17）。

图4-16　牛奶品牌特仑苏

图4-17　八公山翁豆腐

野蛮香黑猪肉的品牌价值为"三野五谷野蛮香"，为支持"香"这一品牌价值，最终提炼出纯良品种、黄金玉米带、四季慢养、安全追溯这四个支持点（图4-18）。

图4-18　野蛮香黑猪肉品牌的四个支持点

第三节　品牌双定位战略完整案例分析

一、典型农产品、食品品牌双定位体系分析

图 4 - 19 至图 4 - 25 是伊利金典牛奶、蒙牛特仑苏牛奶、中粮福临门大米、北大荒五常稻花香米、圣迪乐村鸡蛋、正大金牌老母鸡、精气神山黑猪的品牌双定位体系分析。

品牌：金典		
双定位战略	品类定位	原产地有机奶
	价值定位	有机生活倡导者
品牌形象钻	概念点	限定原产地
	广告语	天赐有机，尽在金典
	主视觉	大草原，明星代言
	利益点	优质乳蛋白、原生高钙
	支持点	含量

图 4 - 19　伊利金典牛奶品牌双定位体系分析

品牌：特仑苏		
双定位战略	品类定位	专属牧场高端奶
	价值定位	营养新高度
品牌形象钻	概念点	专属牧场
	广告语	不是所有的牛奶都叫特仑苏
	主视觉	草原＋明星
	利益点	优质乳蛋白、原生高钙
	支持点	含量

图 4 - 20　蒙牛特仑苏牛奶品牌双定位体系分析

品牌：福临门		
双定位战略	品类定位	东北大米水晶米
	价值定位	好大米
品牌形象钻	概念点	水晶米
	广告语	北国佳米，晶莹饱满
	主视觉	稻田＋大米
	利益点	晶莹饱满
	支持点	产业链

图 4-21 中粮福临门大米品牌双定位体系分析

品牌：北大荒		
双定位战略	品类定位	五常稻花香米
	价值定位	好米
品牌形象钻	概念点	稻花香米
	广告语	好米源自北大荒
	主视觉	龙
	利益点	晶莹饱满
	支持点	黄金种植带＋7道工序

图 4-22 北大荒五常稻花香米品牌双定位体系分析

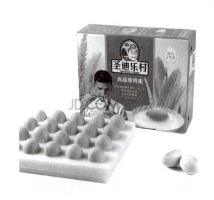

品牌：圣迪乐村		
双定位战略	品类定位	营养谷物鸡蛋
	价值定位	高品质
品牌形象钻	概念点	蛋清更浓更清凉
	广告语	高品质鸡蛋就选圣迪乐村
	主视觉	大厨
	利益点	含有更多维生素
	支持点	天然原粮喂养

图 4-23 圣迪乐村鸡蛋品牌双定位体系分析

品牌：正大食品		
双定位战略	品类定位	正大金牌老母鸡
	价值定位	坚守品质40年
品牌形象钻	概念点	500天黄金成长期
	广告语	让健康有滋有味
	主视觉	母鸡
	利益点	劲道弹滑 口味醇香
	支持点	精选玉米＋无激素

图4-24 正大金牌老母鸡品牌双定位体系分析

品牌：精气神		
双定位战略	品类定位	山黑猪
	价值定位	香
品牌形象钻	概念点	精气神
	广告语	小时候的肉香味
	主视觉	猪肉
	利益点	肉味醇香
	支持点	散养300天、吃粮食、喝山泉

图4-25 精气神山黑猪品牌双定位体系分析

二、野蛮香品牌完整案例解析

运用双定位和品牌形象钻理论，系统完整地打造一个农产品品牌案例如下：

（一）品牌策划缘起

地处吉林四平的本方农业，原本从事了近十年的猪饲料行业。但是，随着养猪产业近十年来发生了巨大变化，猪饲料行业越来越难做。于是，天天琢磨给养殖户送饲料的经理人忽然考虑，与其天天低声下气地求养殖户买自己的饲料，不如自己养猪卖肉将产业链延伸到终端，用高品质的猪肉与消费者直接沟通，过上扬眉吐气的日子。

养什么猪，卖什么肉，猪从哪里来，养殖基地设在哪里，所有的前期问题，经过反复谋划后最终确定：养民族地方黑猪、卖高端黑猪肉。要在茫茫长白山中寻找最合适的养殖基地（图4-26）。

图4-26　野蛮香在长白山深处的养殖基地

（二）品牌策划过程

黑猪产业的关键环节是什么？简单分析产业链如下：

黑猪品种——养殖——屠宰——分割加工——黑猪肉（品牌）——消费者

在这个产业链中，因为品牌是整合产业链的核心力量，所以最关键的环节当然还是品牌。要特别强调的是，许多人认为农业产业链的出口是消费者，这个观点其实是错误的。农业产业链的出口不是产品，不是消费者，而是品牌，因为品牌是消费者选择的基本单位，也是企业参与市场竞争的基本单位。

这头黑猪的品牌怎么做？本方农业公司坚持一个原则：专业的人做专业的事，谋定而动。于是，与长白山深处的黑猪有了亲密接触的机会。

品牌战略要围绕定位来思考，根据双定位战略思维有两个基本思考点：第一，是什么黑猪？什么黑猪肉？第二，市场在哪里？消费者为什么买？

通过对国内猪肉市场和黑猪肉市场的详尽调研，大量归纳总结相关资料并开展反复的创意后，品牌的定位以及核心元素终于浮出水面。最终品类定位为长白山散养黑猪肉，价值定位为挡不住的香。

品牌名是最艰难的创意，项目组成员深度思考，最终确定为"野蛮香"这一品牌名，寓意快乐的黑猪在长白山深处，自由嬉戏，野蛮生长（图4－27）。

图4－27　野蛮香品牌LOGO

野蛮香的独特性就在于它独特的养殖环境和饲喂方式。独特的养殖环境可概括为山野林牧、野性释放、野果清泉；独特的饲喂方式是指养殖区域位于被誉为"世界三大黄金玉米带"之一的松辽地区，这里的玉米颗粒饱满、色泽鲜艳、质地紧密、蛋白质含量高，为黑猪提供了优质喂养原料。另外，野蛮香养殖基地种植五谷杂粮和南瓜、山芋、萝卜、青菜等各类青饲料，是野蛮香黑猪的"天然牧场"。

这些独特性高度凝练后形成了三野五谷这一独有的概念。并将"三野五谷"做了注册保护，形成独占性和唯一性，长期形成品牌积累（图4－28）。

品牌视觉符号是品牌视觉价值的核心，既具有符号性，同时也具有品牌定位和价值的联想度以及可记忆性和传播性。这也是考验品牌策划和创意团队最关键的因素。

图4－28　品牌概念符号

主视觉创意围绕竞争策略、品牌定位和品牌名等要素展开，从长白山特有的环境结合各种丰富的物产元素认知，多位设计师做了不同方向的创意设计，最终在众多的设计中选取了图4－29这个。

图 4 - 29 野蛮香主视觉符号创意过程

于是品牌定位、品牌形象钻的各个元素，以及品牌主色彩和辅助色彩即通过品牌主视觉形象集中完整地表现出来（图 4 - 30）。

图 4 - 30 野蛮香品牌主视觉形象画面

（三）品牌多媒体落地实施

品牌战略规划完成后，对品牌与消费者接触的各个方面进行品牌形象设计展示，包括产品包装设计、宣传物料设计、品牌专卖店设计以及品牌 VI 的完整设计（图 4 - 31）。

（四）野蛮香江湖传奇

从 2016 年开始，仅两年时间，野蛮香在长春、四平开了七家专卖店，许多消费者慕名而来，寻找野蛮香；有归国华侨激动万分，感谢野蛮香让他们吃到了在国外吃不到的纯正黑猪肉；2016 开始的每

图 4 - 31　野蛮香店面形象展示

年春节，有多家集团单位慕名找到野蛮香，购买野蛮香黑猪肉礼盒作为对员工年终的馈赠；还有更多的消费者、单位和机构正在为寻找野蛮香而来……

2018 年开始，野蛮香已经走进北京市场，野蛮香的江湖传奇正在延续……

第五章

不同类型乡村产品品牌培育实践

乡村产品的产业价值链极长，涵盖了一二三产业。乡村产品的根在第一产业，产地是第一车间；身在第二产业，通过深加工再造产业价值；魂在第三产业，通过品牌、文化、创意、体验等沟通顾客情感。在每一个产业层面，都能挖掘出乡村产品的特色和优势，都能打造出具有市场竞争力的乡村产品品牌。本章总结了不同类型乡村产品品牌培育的路径和关键点，并通过案例阐释具体实践，读者可结合当地产业的实际情况灵活运用，打造当地的乡村产品品牌。

第一节　种养业及初加工类产品品牌

从农业产业链角度看，种养业及初加工类产品属于第一产业。南宋朱熹诗曰："半亩方塘一鉴开，天光云影共徘徊。问渠那得清如许？为有源头活水来。"用产业链的视角看，"半亩方塘"就是第一产业，就是"清渠"的"源头活水"。

一产不强，三产无望。培育种养业及初加工类产品品牌，做好一产的源头，是做强农业产业链、振兴乡村产业的基石。

种养业及初加工类产品是传统农业的象征，涉及广大农民的根本利益，每年有数万亿元的交易额（2016 年约为 5 万亿元）。种养业及初加工类产品的流通渠道，传统上一般是从产地经农产品经纪人以及多级批发商，最后到达销售终端，卖给消费者。这种模式缺少品牌化的价值打造，产品附加值低，难以带动乡村振兴。

种养业及初加工类产品，通过品牌价值和产品价值的打造，既可以提升销量，又可以提高销售价，给农户、合作社和农企带来更高的收益，促进乡村产业振兴。美国的新奇士橙，年销售额达 10 亿美元，"新奇士"品牌的无形资产也高达 10 亿美元，成为世界知名的品牌。

一、产地资源化价值塑造

我国土地上养育着许多根植于这片土地特有的动植物资源，并因这片土地，演化出具有鲜明特色的产品品质。这些鲜明特色，是产地元素、形象、人文等产地资源的集合成就，是亟待挖掘的市场宝矿。

五常大米、盐池滩羊、烟台大樱桃、阳澄湖大闸蟹……这些覆盖农牧渔林的产品品牌，背后都有一个具体的价值指向——产地。依托产地，培育乡村产品品牌，可谓现代版的"靠山吃山靠水吃水"，更是"绿水青山就是金山银山"理念在乡村产业振兴上的最佳体现。

我国幅员辽阔，地跨热带、亚热带、温带、高原气候区等多个气候带，拥有高原、山地、丘陵、平原、湖泊和海滨等多种地形。不同的地域，拥有各具特色的地理环境、气候条件、人文历史。不同的产地，赋予生长于这片土地上的乡村产品不同的特点和人文色彩。

对于种养业和初加工类产品来说，产地是第一车间；对于消费者来说，他们愿意依据产地价值来认知和判断产品价值——产于五常的大米才是更好的大米、产于阳澄湖的大闸蟹才是更好的大闸蟹。

产地塑造出高价值，产品方能有高价值。产地价值的塑造，是培育种养业及初加工类产品品牌的第一个关键点。基于当地包括自然环境和人文环境在内的产地环境，充分利用地缘优势，借助自然之恩惠塑造品牌价值，是培育乡村产品品牌的重要途径。

《淮南子》中云："橘生淮南则为橘，生于淮北则为枳，叶徒相似，其实味不同。所以然者何？水土异也。"产地的自然环境不同，带给产品不同的价值感知。通过产地自然环境的价值塑造，可以提升产品的价值感。

说起东北地区，我们就会联想到肥沃的黑土地。黑土地是东北的代名词，也是农业富饶的代名词。黑土地资源的高价值给生长在这片土地上的产品赋予了高价值，九三大豆油在培育品牌价值时，特别强调黑土地的产地价值。"产地好"排在品牌价值支持的重要位置，"世界上仅存三块珍贵的黑土地之一"既提升了东北黑土地的价值，也给九三大豆油赋予了更高的品牌价值（图5-1）。

图5-1　九三大豆油强调黑土地的"产地价值"

二、产品特色化价值提升

乡村产品的种类非常丰富，与此同时，同种类的同质化也非常严重。俗话说"没有特色不开店"，培育乡村产品品牌，产品特色化是第二个关键点。唯有走出同质化，塑造产品特色化，才能打造产品的高价值。

产品特色化价值的打造，可以通过产品质量特色化、产品功能差异化等实现。

（一）产品质量特色化

不同的产地资源，带来产品质量的差异表现。高质量的产品塑造，能够产生较高的产品价值，带给消费者更高的产品利益，从而提高产品价格，提升产品销量。

圣迪乐村初创于2001年。从2万只蛋鸡起步，始终专注于高品质鸡蛋的生产与销售，致力于成为中国高品质鸡蛋领导品牌。自成立之初，圣迪乐村始终致力于从风味、营养、安全、新鲜等方面提升鸡蛋品质（图5-2）。

图 5 - 2　圣迪乐村品牌的主形象

(摘自圣迪乐村官网)

圣迪乐村秉持"食品回归自然"的理念，坚持用天然原粮提升品质，精选天然原粮，玉米、大豆、杂粮按 6：2：2 在母鸡生长关键阶段科学配餐。还率先引入以色列的技术理念，给母鸡添喂亚麻籽，让鸡蛋富含欧米伽 3 多元不饱和脂肪酸。为了更环保，圣迪乐村还费尽周折，从比利时进口可降解包装盒。为了让品质可追溯，圣迪乐村的鸡蛋将"身份编码"喷在了蛋壳上。

圣迪乐村自建蛋鸡研究院，鸡蛋对标日本、鸡苗对标德国，建立"SDL 标准体系"，包括品种优选、蛋鸡营养、健康养殖、改善风味、效率提升。圣迪乐村先后承担了国家科技部、农业农村部、四川省科技厅等国家科研项目 10 余项。与四川大学、四川农业大学建立博士（专家）工作站。承担国家蛋鸡体系、四川省蛋鸡产业链"十二五""十三五"重点科研项目。

"从生产资料思考问题的着力点，变成向消费品公司的着力点"，圣迪乐村提出，与工业产品不一样，母鸡是有生命的，也是诚实的，影响鸡蛋品质的环节非常多。圣迪乐村率先在行业内建立全产业链模式，从种鸡到鸡蛋，近百个关键控制点，全程自控。

提升鸡蛋品质的同时，圣迪乐村还积极探索蛋品深加工领域。2017 年，圣迪乐村与日本溏心蛋开创者——加藤鸡蛋产业株式会社签订战略合作协议，合资进入调味溏心蛋生产领域。此举旨在打破国内传统鸡蛋制品格局，开创中国美味即食鸡蛋新纪元。

与普通鸡蛋相比，圣迪乐村高品质鸡蛋，蛋清更浓更透亮，含有更多维生素 A、维生素 B_2、维生素 E，有真正看得见的高品质，成为中国妈妈备受青睐的高端蛋品。据尼尔森数据显示：2018 年 7 月至 2019 年 6 月，圣迪乐村在全国主要 24 城市大卖场高端鲜鸡蛋销售额占比达 60%。

通过技术提高产品品质、进行产品整体升级是做好品牌的基础，如果不在本质上改变产品，仅仅通过其他方式"打造"品牌是不够的。

（二）产品功能差异化

种养业和初加工类产品有一个典型的特征，就是通过不同的种养方式，能够为产品造就差异化的功能。在这方面，比较典型的就是富硒产区生产的各种富硒产品，硒给产品带来差异化的功能价值。

随着种养技术的发展，企业可以通过技术手段打造产品的差异化功能。比如山西的晋龙蛋业，通过饲料和养殖技术的升级，生产出"六无六高"鸡蛋，具有高叶酸、高卵磷脂、高 DHA 等差异化功能性元素。因为产品的差异化功能满足了消费者需求，五福善养鸡蛋在市场得到顾客认可，产品售价高、销量好（图 5-3）。

产品功能化与顾客细分结合在一起，可以更好地传递产品和品牌价值，获得品牌溢价。河北天凯食品引进美国的"蒸汽熟化"鸡粮加工技术，所产的鸡蛋与市面上的普通鸡蛋相比，卵磷脂的含量高出约 25%。根据这一产品特征，天凯食品将这种高卵磷脂含量的鸡蛋命名为"爱浓·孕婴蛋"，聚焦孕婴消费人群，提出"爱浓蛋，天添健"的产品卖点。即便爱浓·孕婴蛋的产品价格是普通鸡蛋的 5 倍以上，在中高端孕婴群体中仍然获得了高度认可，达到消费者受益、企业获利的双赢目的（图 5-4）。

图 5 - 3 五福善养品牌的主形象

图 5 - 4 爱浓·孕婴蛋品牌的主形象

即便看起来一样的鸡蛋，也存在打造产品特色化、塑造品牌高价值的诸多途径。因此，只有深挖乡村产品的特色，打造品牌，才能提升产品和产业价值，助力乡村产业振兴。

三、产业集群化价值赋能

种养业和初加工类产品是根植于产地之上的第一产业，具有较为明显的大宗商品流通属性。产业集群化，是指打造"一村一品、一县一业"的产业集群，然后以区域公用品牌的整体力量，做大做强当地的种养业和初加工类产品品牌。

种养业和初加工类产品的企业一般实力较弱，若企业单打独斗，则无力承担培育品牌的费用。区域公用品牌对种养业和初加工类产品的品牌培育起到举足轻重的引领作用。成功的区域公用品牌，既是一张地方经济的名片，又是一面地方产业的大旗，更是提升地方农业产业价值和增强地方企业竞争力的价值金牌。

产业集群和区域公用品牌有两种关系：一种是先有产业集群，然后建设区域公用品牌；另一种是先有基于产地资源价值的企业品牌，然后顺势引导建设产业集群和区域公用品牌。这两种关系，无高下之分，更无对错之说。但无论哪种关系，都离不开品牌的作用。地方政府要避免的，是只重规模数量不重品牌建设。在缺少品牌支持的前提下，盲目建设一村一品、一县一业，最终导致规模上去了，却取得不了经济效益。

河北省献县肉鸭区域公用品牌，是基于龙头企业发展产业集群和创建区域公用品牌的代表。在当地龙头企业的带动下，献县建立了"种鸭繁育——饲料加工——肉鸭养殖——屠宰制坯——冷链运输——熟食生产——终端销售"的完整肉鸭产业链，并配套荷叶饼和蘸酱生产、烤鸭炉加工等烤鸭周边产业，打造北京烤鸭坯产业集群。当地政府因势导利，实施"献县肉鸭"区域公用品牌战略，积极探索献县肉鸭产业向北京烤鸭餐饮产业拓展，构建献县肉鸭"精而美""特而优"的产业发展新格局，推动献县肉鸭产业的健康发展。

产业集群化另一层面的含义，是在种养业和初加工类产品集群的基础上，在区域内集聚大量具有共性和互补性的专业化的相关企业及机构，包括品种研发和培育、农机综合服务、化肥农药综合服务、土壤测试、田间管理、粗精加工、交易平台、广告营销、金融服务、仓储运输、生活服务等，形成由农户、企业及市场形成的密集柔性网络合作群体。

企业越扎堆，市场越竞争，市场才越活跃，产业才越发达，企业在技术、原料、配套、用工等方面的成本才能大大降低。产业集群化实际上是把产业发展与地方经济、把专业分工与便捷交易结合起来，从而形成一种有效的生产组织方式，是推动乡村进入高层次升级式增长的新型发动机。

第二节　深加工类产品品牌

据调查，东北 500 多种乡村产品资源中，初级产品占 78%，初加工产品占 16%，深加工产品只占 6%。乡村产品加工转化增值率低，直接影响到农业整体效益的提升，减缓了农民增收的速度。这是造成我国农业经济效益低、农民增收困难的重要原因之一。

发展乡村产品深加工，是提高农业收益、增加农民收入、实现乡村产业振兴的重要途径。在 2017 年举办的"全国农产品加工业发展和农业品牌创建工作会议"上，时任农业部部长韩长赋表示，"2016年全国规模以上农产品加工企业 8.1 万家，主营业务收入达到 20 万亿元，实现利润总额 1.3 万亿元。农产品加工业正成为农业农村经济的支柱产业。"2016 年 3 月，国务院办公厅印发的《关于进一步促进农产品加工业发展的意见》提出，到 2020 年农产品加工转化率达到68%，到 2025 年农产品加工转化率达到 75%。中国乡村产品的深加工还有巨大的挖掘潜力。

一、加工技术提升产业附加值

消费升级的新时代，所有的产品价值都需要结合消费者的需求。乡村产品需要重新定义消费价值，从初级产品和初加工产品，通过深加工进行转化，契合新的消费场景，培育产品品牌，提升产品附加值，提高产业效益。

深加工和品牌培育，是乡村产品产业价值再造的一体两翼。产业价值再造模型（图 5 - 5）提出，食品农产品产业可以沿着产品的技术附加值和品牌附加值两条途径，在六个角度进行产业价值再造。模型的左翼，是食品农产品的深加工路径，依据深加工技术，改变产品形态，提升产品功能因子，提升产品和产业价值；模型的右翼，是品牌的象征意义和品牌内涵的价值提升，依托消费者对品牌认知的层级差异，塑造品牌价值，进而提升产业价值。

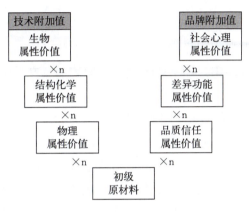

图 5-5　产业价值再造模型

产业价值再造模型，是提升产业价值的一体两翼。左翼的技术附加值和右翼的品牌附加值相互作用，协力提升，助力乡村产品的产业价值再造。

乡村产品深加工路径上的产业价值再造分为三个层级，从初级原材料到物理属性价值、从物理属性价值到结构化学属性价值、从结构化学属性价值到生物属性价值，产品每增加一个层级的深加工，都会使产品的技术附加值向更高层级提升。

下面以普通的葡萄产品为例，来直观展示深加工途径如何提升产品和产业价值。

从初级原材料到物理属性的价值再造：新鲜葡萄是初级产品，进行初加工做成葡萄干，产品形态有初步的改变，产品价值有小量的提升。把新鲜葡萄压榨成葡萄汁，实现了葡萄的深加工，这仅仅是产品物理属性层面的形态改变，但产品附加值已经得到较大的提升。500克新鲜葡萄售价 5～8 元，一瓶果汁含量 10％的葡萄汁售价 3 元，产品价值有了较大的提升。

从物理属性到结构化学属性的价值再造：葡萄汁经过发酵以后，

可以深加工为葡萄酒或葡萄酵素，葡萄的化学结构发生了改变，产品附加值得到进一步提升。一瓶葡萄汁的售价是 3 元，一瓶葡萄酒或葡萄酵素的售价可以达到 100 元甚至更高，产品价值有了明显的提升。

从结构化学属性到生物属性的价值再造：葡萄籽经过加工可以提取原花青素，生产葡萄籽胶囊，发生了生物分子层面的改变。葡萄籽胶囊以克为单位销售，相比初级原材料的葡萄，产品价值有了巨大的提升。

乡村产品从初级原材料到物理属性、结构化学属性和生物属性的逐级提升，是提升产品价值、提高产业效益的有效途径。

近年来全谷物食品受到消费者的高度认可，以燕麦胚芽米为产业支点的燕谷坊集团，顺应市场大势，立足全谷物产业链的价值开发，成为集农业种植、生产加工、设备研发、终端连锁和健康管理服务于一体的全产业链综合运营商。燕谷坊与江南大学联合成立"全谷物食品联合研究中心"，沿产业价值再造模型的左翼进行加工技术的升级，提升品牌的技术附加值。其研发的"全谷柔碾"专利技术，采用双涡轮轻柔碾工艺，有助于燕麦胚芽米营养更好吸收，产品受到消费市场的认可。燕麦加工链提质增效关键技术研究与应用，双涡流研碾专利技术荣获内蒙古科技进步一等奖（图 5-6）。

图 5-6　燕谷坊通过专利技术，提升品牌价值

通过技术提高产品附加值只是一个方面，通过新技术用新的商业模式，给客户提供更好的服务也可以创造更高的附加值，燕谷坊

打造了以食养健康服务为主的 OMO 全渠道新零售平台——味来智选。

味来智选 App 以构建食养社区为依托，推进食养社群和食养社交，秉承"一手农民、一手市民"的宗旨，通过新零售技术赋能农业上下游，运用大数据和 IT 技术打通商品、营销及会员数据流，构成完整的新零售线上线下融合发展。

味来智选用农业物联网技术及人工智能实现门店智能化体验升级，通过大数据分析、U－pos 管理系统等多种新科技、新方法打通与消费者之间更多的链接通道，实现线上线下一体化，构建多样化的零售场景，现已发展成为特色农业扶农新零售标杆性平台。

二、技术高度建立品牌"护城墙"

产业价值再造模型的右翼，是乡村产品的品牌附加值再造。对加工技术进行高度化打造和概念化塑造，把加工技术打造为品牌私有概念，是建立品牌护城墙的强有力手段。

以鲁花花生油为例。花生是初级原材料，经过物理属性的价值再造后，可以加工成花生油，这是通过技术附加值途径提升花生产业价值。但生产花生油的企业有很多，如何提升鲁花品牌的产品和品牌价值呢？鲁花花生油是在 2000 年以后推向市场的，当时，人们购买的花生油主要是榨油作坊生产的，加工技术水平落后，产品质量难以得到保障。鲁花将其现代化的物理压榨技术，概念化为"5S 纯物理压榨工艺"。与传统的榨油作坊相比，"5S 纯物理压榨工艺"给消费者带来更科技、更先进的价值感，提升了鲁花花生油的品牌和产品价值。相比没有加工技术概念的花生油，鲁花花生油的终端产品零售价能够高出 40％左右。2013 年，鲁花的"5S 纯物理压榨工艺"荣获"国家科学技术进步奖"，进一步提升了加工技术的高度（图 5－7）。

通过加工技术的高度化打造和概念化塑造，鲁花花生油始终引领花生油市场，产品售价一直保持在同品类的前列，大大提升了品牌和产品价值。消费者得到好产品，企业亦获得了高收益。

图 5-7　鲁花花生油的技术概念化塑造和高度化打造
（图片来自鲁花官网）

第三节　区域特色类产品品牌

中国地大物博，每个地方的资源禀赋不同，产出的乡村产品也不一样。5 000 年的华夏文明，积累了丰富的人文历史，也造就了不同区域的特色文化。因此，造就了中国乡村产品的一个重要特性——"区域特色"。

区域特色产品，是指在区域特殊地理资源条件下，以特殊人文背景的生产方式，产出的具有特殊品质和文化历史内涵的产品。北京烤鸭、德州扒鸡、涪陵榨菜、西湖龙井等都是区域特色产品的典型代表。

区域特色产品的优势是"特色"，依靠"特色"获得市场和消费者的青睐。区域特色产品的劣势或者限制是"区域"，经常受限于一个小区域的认可，难以走出去做大市场。以品牌价值赋能区域特色产品，将从小区域走向大市场，拥有大机遇、大未来。

一、区域自豪感的价值认同

区域特色产品，首先是"区域"的，代表当地特有的、有历史文化内涵的产品。虽然说"墙内开花墙外香"有一定的负面意义，但反过来想，如果墙内不开花，墙外怎么能香呢？

"墙内开花"，就是说区域特色产品首先要塑造区域自豪感的价值认同。有了区域自豪感的价值认同，特色产品才能走出区域，走向大市场，实现"墙外香"。

何谓区域自豪感？简单来说，就是本区域的人会不自觉地流露出对该特色产品的喜爱，会主动向外区域的人提及、推荐该特色产品。我们可以思考两个简单的问题：如果本区域的人要去看一个外地的朋友，会不会带着当地的特色产品？如果一个外地的朋友要离开当地，会不会带着当地的特色产品离开？如果答案是否定的，那说明这个区域特色产品缺少区域自豪感的价值认同，产品虽然有特色，却缺少价值感。

特色产品的区域自豪感可以通过特色原料、特殊工艺、特色节事、品牌故事等多种方式来打造，区域公用品牌就是凝聚人心、打造区域自豪感的有力方式。

中国有"四大名鸡"一说，通常指的是山东德州的五香脱骨扒鸡（简称德州扒鸡）、河南的道口烧鸡、安徽的符离集烧鸡和辽宁的沟帮子熏鸡。四大名鸡中，德州扒鸡的知名度最高、市场销售范围最广，究其原因，区域自豪感的价值认同发挥了重要的作用。

在德州扒鸡的介绍里，从四个方面塑造和提升了产品的区域自豪感。

第一，区域地位的拔高。介绍里说"德州扒鸡是鲁菜经典"。"鲁菜经典"简单的四个字，用四大菜系之首的鲁菜为德州扒鸡背书，将德州扒鸡从德州地域拓展到山东地域，从市级地位拔高到省级地位。如此一来，当德州人向其他人提及德州扒鸡这一特色食品的时候，就不仅仅是一个城市的骄傲，更是一个省份的荣耀。

第二，历史地位的塑造。介绍里说"早在清朝乾隆年间，德州扒鸡就被列为山东贡品送入宫中供帝后及皇族们享用。"如此一说，使德州扒鸡从乡土气息里脱颖而出，跃升为高大上的贡品。

第三，现代地位的塑造。"20世纪50年代，宋庆龄从上海返京途中，曾多次在德州停车选购德州扒鸡送给毛泽东以示敬意。"德州扒鸡介绍里的这句话，将历史荣耀传承至现代，每个德州人都可以自豪地用这句话向他人介绍德州扒鸡。

第四，工艺高度的塑造。德州扒鸡的制作技艺是国家非物质文化遗产。这既是德州扒鸡的工艺特色，也给德州人提供了又一个可以自豪地向他人介绍产品的由头。

上述四个方面的塑造和提升，每一个方面都可以成为德州人自豪地向他人介绍德州扒鸡的话题。具备了区域自豪感的价值认同，德州扒鸡就可成为每一个德州人礼来礼往的礼品、日常食用的食品。

墙内开花，墙外自然香。于是，德州扒鸡就成为本地人自豪、外地人向往的区域特色产品。

二、全国影响力的价值赋能

区域特色产品如何从小区域走向大市场，是困扰每一个区域的大难题。

区域特色产品的基础是"区域"，核心是"特色"。故而，很多区域特色产品在价值塑造、包装风格、品牌推广等方面太局限于"区域"和"特色"，导致只在本区域认知较强，走出去就缺少认同。要解决"从小区域走向大市场"的困扰，就需要对区域特色产品赋能全国影响力。可以通过品牌故事、品牌符号、节事营销等多方面对区域特色产品进行全国影响力的赋能，助力从小区域走向大市场。

（一）品牌故事的全国影响力

就像前文提到的德州扒鸡一样，几乎每个地方的特色产品背后都有一个源远流长的故事。但很多区域特色产品的品牌故事却做不到像德州扒鸡那样具有全国性的影响力，而是仅限于当地人知道。以下两点是很多区域特色产品在讲品牌故事时容易犯的错。

一是品牌故事的区域设置太窄，从而限制了品牌走向更大市场的可能性。同处山东的聊城熏鸡产品，其品牌故事设定为"东昌府有三黑：乌枣、香疙瘩和熏鸡"。"东昌府"三个字把聊城熏鸡的区域限定在了一个小区域内，虽然德州扒鸡前缀"德州"区域也较小，但其宣称自己是"鲁菜经典"，这样一来就把区域扩大了十几倍。

二是品牌故事的背书地位太低。类似"东昌府有三黑"这样的说辞，也是很多区域特色产品讲品牌故事时惯用的手法，比如"泰山三美"（指白菜、豆腐、水）、"宁夏五宝"（指枸杞、甘草、贺兰石、滩羊皮、发菜）等。聊城熏鸡在提"东昌府有三黑"时必须清楚地认识到，其他"两黑"是在给聊城熏鸡的价值做背书，"两黑"的价值必须高于聊城熏鸡的价值，才能背书。但实际情况恰恰相反，"乌枣、黑疙瘩"的知名度和价值度尚不及聊城熏鸡，这种说辞，只能拉低聊城熏鸡的价值。

（二）包装符号的全国影响力

包装是产品最直接的外在表现，区域特色产品通常都愿意采用本区域的特色符号来做产品包装。采用区域特色符号做包装，可以更好地取得区域认同感，但同时也很容易踏入"区域"和"特色"的误区——采用只有本区域才认识的特色符号，产品走出去就缺少大众的认知和认同。比如很多农业区域公用品牌喜欢用当地的标志性老建筑作为包装符号，这些老建筑在当地有认知，但走出这个区域就很少有人知道了。在这一方面，沧州乐寿鸭的做法值得借鉴。作为沧州特产，乐寿鸭采用了区域标志性老建筑作为包装符号，但它对这些符号进行了现代感的创新构建，为老符号从当下的美学视角赋予了美感，实现了老符号和现代审美的有机结合。既满足了区域自豪感的认同，又获得了大众的认可，为区域特色产品推向全国市场插上了翅膀（图5-8）。

图5-8　乐寿鸭打造品牌
符号的全国影响力

（三）节事营销的全国影响力

节事指节日和特殊事件。节事营销就是指借助节日和特殊事件进行产品和品牌营销，即"节事搭台，经济唱戏"。节事是形式，经济是目的。

节事营销是区域特色产品推广经常采用的方式，如龙虾节、采茶节等。无论是传统节事还是为了营销宣传新造的节事，节事营销的出发点需要具有全国性的影响力，而不能偏隅一方，只是当地人参与。同时，节事活动最好是固定日期举办，临近举办日期，参与者就会产生期盼，有利于持久的品牌培育。

查干湖冬捕，是当地一种传统的渔业习俗。当地在每年的 12 月 28 日这一天，固定举办"查干湖冬捕节"。经过精心打造和造势传播，查干湖冬捕节已成为著名的吉林八景之一。2018 年查干湖冬捕节期间，接待游客约 60 万人次。查干湖冬捕节成为具有全国影响力的节事活动，对查干湖鱼的营销推广发挥了至关重要的作用（图 5 - 9）。

图 5 - 9　查干湖冬捕节一景

河南杜康酒业在每年九月初九重阳节这一天举办"酒祖杜康封坛大典"。选择在中国传统的重阳节这一天举办企业节事，给企业节事赋予更高的庄重感。固定日期举办，坚持下去，就会在目标消费者心里形成节日期待。酒祖杜康封坛大典以"封坛承愿"为主题，遵循"礼送贡品、焚香静心、敬天洒酒、进香拜祖、诵读祭文"等传统礼制，虔诚庄重，仪式感极强。仪式感，也是节事营销的重要一环。杜康酒业每年通过封坛大典，可以实现过亿元的销售收入，极大地提升酒祖杜康的品牌价值，这就是节事营销作用的体现（图 5 - 10）。

图 5 - 10　酒祖杜康封坛活动

三、传统与创新的价值融合

区域特色产品，经常给大众一种"土气"的过气感和落后感，难以吸引新兴消费人群使其产生好感。将特色产品的传统与现代潮流的创新相融合，是塑造和进一步提升区域特色产品价值的有效途径。

我们称传统与创新的价值融合为"土而不俗"。这种"土而不俗"能给区域特色产品和品牌带来巨大的反差，进而为产品和品牌带来话题性，加快品牌传播，提升知名度。

成立于 1984 年、畅销 35 年的"老干妈"，在 2018 年引发了一场轰动。在 2018 年纽约时装周上，老干妈与潮流品牌合作，推出了带有老干妈 LOGO 的卫衣，成为"土而不俗"的代表作，燃爆时装周。据相关数据统计，受此次活动影响，老干妈天猫店的营业额增长了240％，成为此次纽约时装周天猫中国日的最大赢家。

近几年，抖音、快手等短视频平台崛起，成为年轻人的聚集地。短视频平台能够直观、深入地传播特色产品，是区域特色产品不能忽视的传播舞台。很多草编艺人都在依靠这种短视频平台展示草编工艺和产品，甚至诞生了诸如"草编哥"这样的网红。偏居乡村的草编艺人通过抖音、快手等短视频平台，将乡土气息浓厚的草编产品轻松卖空，甚至还能远销海外。

做好传统与创新的价值融合，传统不再等同于俗气。如果再能搭上互联网的快车，充分利用社交平台对区域特色产品的展示和传播作用，区域特色产品将变得"土而不俗"，反而与时尚画上等号，能紧紧抓住年轻消费群体的心。

第四节　文化特色类产品品牌

2018年夏天，因为一部热播的清宫剧，非物质文化遗产南京"绒花"名声大噪，一些热爱古装风的年轻消费者争相购买，南京"绒花"预定甚至排到了半年之后。

近两年大火的，无疑是故宫文创产品。故宫睡衣、故宫口红、故宫彩妆、故宫咖啡、故宫火锅……越来越多"故宫＋"产品出现。以故宫为背书，这些"故宫＋"产品成了网红爆款，受到消费者特别是年轻消费者的疯狂追捧。伴随着中国文化自信的建设和增强，伴随着人们对美好生活的追求，本身就蕴含着丰富中国文化的文化特色类产品正迎来新的巨大的发展空间。

特色是文化产品生存的根本。长久传承才能形成特色，在不同时期，特色的内涵一般不会有大的改变。但随着时代的发展，特色的外延和表现需要创新。特色文化产品，唯有跟上时代发展的潮流，迎合当下消费者的需求，才能拥抱更大的市场空间。

一、产品演进：从文化特色产品到文化创意产品

"故宫＋"产品的特色文化内涵是故宫文化，故宫文化的外延和表现是产品。将故宫特色文化通过文创产品展现在消费者面前，并且是以年轻消费者喜欢的方式展现在消费者面前，是"故宫＋"产品火爆的基石。

虽然有"故宫＋"产品的火爆，但从大的社会背景和市场范围来看，特色文化类产品的发展还是较辛苦的。消费者还未形成对文化、精神层面的深层次追求，对很多文化特色类产品的关注度不高，大多数文化特色产品无法像"故宫＋"产品那样成为网红爆款。

用产品演进的方式，将文化特色产品创新为文化创意产品，是文化特色类产品品牌培育的一个关键。

随着经济的发展和人们审美意识的提高，在衣、食、住、行、娱乐等各个需求层面更加注重个性和文化内涵，对高质量文化产品的需求越来越迫切。生活是文化的沃土，用特色文化为产品赋能，能够让特色文化更好地走进生活，既能满足消费者需求，又依托特色文化提升了产品价值，同时发扬了特色文化，可实现多方共赢。

山东潍坊是世界风筝的发源地，制作风筝的历史悠久，是世界风筝文化交流的中心。潍坊市每年都举办国际风筝节，世界上70%以上的风筝都出自潍坊。为了让传统的风筝产品更贴近消费者的需求，潍坊政府和企业采取多种措施，给风筝这一特色文化产品赋予新的价值。其一，在传承特色工艺的基础上，给风筝的画面表现赋予新的时代符号。卡通人物、动漫人物等被描绘在风筝画面上，受到年轻人和儿童的喜爱。其二，当地大力开发风筝文创产品，政府有意识地引导服装类、饰品类、文具类、玩具类、茶具类、餐具类、工艺类（收藏纪念品）七大类文创产品的开发。风筝T恤、风筝装饰画、风筝书签、DIY风筝涂鸦等文创产品受到消费者追捧。

二、跨界赋能：特色文化为魂，跨三产底蕴赋能

2018年8月，农夫山泉联合故宫推出了9款限量版的"故宫瓶"（图5-11）。每瓶农夫山泉"故宫瓶"的瓶身上，都印有一个人物画像和一句宣传词，并设计了一系列相对应的文案。人物画像有康熙、雍正、乾隆等历史清宫人物，宣传词玩味十足，与产品紧密结合，比如朕饿了、工作使朕快乐、朕打下的一瓶江山……文案更是古韵与现代趣味完美融合，既是人物特写，也与"宫廷前世，瓶水相逢"的主题吻合。

传统故宫文化与现代饮品的神奇跨界，使特色故宫文化为农夫山泉品牌赋予文化底蕴。农夫山泉"故宫瓶"一经推出，便吸引了广大网友的目光，被消费者"种草"。

当然，不容忽视的是，"故宫"文化不是一般的特色文化能比拟的。"农夫山泉"也是国内大品牌，农夫山泉"故宫瓶"的成功有其特殊性。

但不可否认的是，代表着民族传统文化的"故宫＋"产品、农夫山泉"故宫瓶"的广受欢迎，说明以传统文化为底蕴的产品，符合了当下消费者的消费主张——不再局限于产品对生活需求的满足，更追求产品对生活方式和文化需求的满足。

以传统特色文化为灵魂，为一二三产业进行文化底蕴赋能，打造

图 5-11　农夫山泉故宫瓶

产品的个性化特色，提升产业和产品的文化价值，吸引个性化群体关注和购买，这将是特色文化类产品新的前进路径。

祥云纹在中国有着 5 000 多年的悠久历史，是具有独特代表性的文化符号，寓意祥瑞之气。北京的马大姐食品在产品包装上有效地融合了祥云纹，让消费者在品尝美味的同时，感受到中国传统吉祥文化的博大精深。

江苏乾宝牧业位于盐城市，盐城拥有我国唯一的滨海湿地类型世界自然遗产——盐城黄海湿地。盐城黄海湿地有湿地珍禽（丹顶鹤）、麋鹿两个国家级自然保护区。在中国传统文化里，鹤代表长寿，鹿代表福禄，都是吉祥文化的代表。乾宝牧业是以湖羊为主业的产业公司，而在中国传统文化里，羊代表着吉祥，羊文化也是吉祥文化的重要代表。

一块湿地上，养育着"鹤鹿羊"三种吉祥动物。乾宝牧业自然而然地将羊的吉祥文化附着在乾宝湖羊的品牌上，用中国特色的吉祥文化为自身品牌价值赋能。无论是品牌 LOGO 还是产品包装设

计，都传递出羊的吉祥文化，体现出品牌和产品的文化感和价值感（图 5-12）。

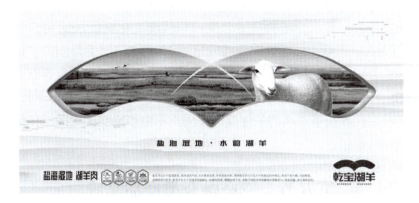

图 5-12　乾宝湖羊的品牌主视觉

三、创新传播：越是传统的，越要现代的

产品演进是对特色文化产品的升级创新，跨界赋能是对特色文化产品的应用创新。特色文化产品的品牌培育，还需要对文化产品的传播创新。

越是传统的文化产品，越需要创新传播。文化特色产品既要兼顾传统文化价值与现代年轻化元素有机结合，又要进行创新的传播阐释，如此一来，文化特色产品才更有现代生命力。

农夫山泉"故宫瓶"的传播主体是农夫山泉品牌。如果站在故宫的角度看，也可以认为是故宫通过"农夫山泉"这个现代品牌主体，创新传播故宫文化。

传统文化产品要想传承发展，就要吸引年轻人；要想吸引年轻人，就要用年轻人喜闻乐见的方式传播。微信、微博等社交媒体和抖音、快手等短视频平台，无疑是当下年轻人的聚集地。因此，特色文化产品的品牌培育离不开在社交媒体和短视频平台的传播。

以短视频平台为例，目前抖音、快手等短视频平台上聚集了许多民间高手。为了推广京剧脸谱文化，抖音平台上发起了"我变脸比翻书还快"的挑战，用户只要做出转头、遮面等动作，便可切换多个脸谱，体验变换京剧脸谱的乐趣。这项挑战推出两周后，抖音用户就发布了超过 200 万个视频，这些视频的播放量超过 6 亿次。《2018 抖音大数据报告》显示，在抖音平台上参与传统文化新玩法的用户多达 18 万人次，京剧变脸相关视频播放量达 12 亿次。快手开创的"记录身边的传统文化"专题，涵盖了武术、戏剧、工艺、赛龙舟等五花八门的传统文化技艺。民间匠人通过短视频为自己获赞增粉的同时，更为传统文化收获了更高的关注度，让用户不由得感叹中华民间传统艺术的精妙绝伦。

第五节　三产融合类产品品牌

随着国家对乡村建设的力度不断加大，越来越多的乡村产业开始走向三产融合的道路。2017 年中央 1 号文件对"壮大新产业新业态、拓展农业产业链价值链"作出重要部署，提出"推进一二三产业深度融合发展"。在这里，一产泛指农业生产，主要指种养业和初加工类产品。二产是乡村产品加工业，是以种养业资源为原料进行工业生产活动的总和。三产是农业相关服务业，拓展延伸乡村产品功能和提升附加值，如农业观光、科普教育、品牌展示、文化传承等。

一二三产业融合发展是乡村振兴战略的重要抓手。通过打造乡村产业的新业态、新模式，延伸农业产业链，进而实现种养业、乡村产品加工业和乡村服务业等多产业的融合。

目前很多地方对于三产融合还是浅显的排列理解，种养、加工、销售、休闲旅游等看似三产齐全，却是各干各的，三产融合成了"三张皮"。

乡村产品的产业发展，核心是拉长乡村产品的产业链，一产接二连三，实现产业链相加、价值链相乘、供应链相通的"三产融合"。通过三产融合，乡村产品的产业链条不断扩伸，产业范围不断扩大，产业功能不断增多，产业层次不断提升，生成新业态、新技术、新商业模式、新空间布局等。

一、三产相融：产品融合"点"

乡村产品的三产融合发展就是通过对乡村三次产业之间的优化、重组、整合等，实现乡村产业发展方式的融合创新。三产融合发展，不是简单的一加二加三，而是必须要能"融进去、合得来"。

三产融合要想"融进去、合得来"，就要找准三次产业的融合点。找准融合点，三产融合才能"力出一孔"——资源聚焦投放，力往一处使；找准融合点，三产融合才能"利出一孔"——实现三个产业价值全面提升，让农民获利、产业获益。

这个融合点，就是三产融合的原点——产品，即三产融合需要有一个特色产品贯穿三大产业，围绕特色产品延伸三大产业，而不是把互不相关的产品硬生生地捏合在一起推向市场。

缺少"产品"这个三产融合点，是国内很多三产融合类区域公用品牌建设的失误之处。把区域内互不相关的产品圈在一起，用一个泛区域化的品牌名称推向市场，割裂了产品与品牌之间整体统一的关系。即使消耗了很多品牌推广资源，消费者仍不知道你是谁、你到底想卖什么产品给我。

河北邯郸小堤村的古枣林拥有 566 棵 200～500 年的古枣树，是华北平原最大的古枣林之一；小堤村是邯郸市铸造工艺的发源地，许多铸造技师师从这里；小堤村还有邯郸战役指挥部旧址，见证了当年军民鱼水交融、浴血奋战的历史。拥有如此多的优质资源，小堤村选择了"枣"作为产品融合点，开展古枣树保护和旅游开发，建设"枣博园"，发展枣业深加工，融合一二三产业。目前，古枣林已成为小堤村的一张旅游名片，吸引着全国各地的游客前来旅游参观，大量的游客也带动了小堤村的铸铁文化和红色文化的发展。2016 年，小堤村荣获全国美丽乡村建设先进区（县）的荣誉称号（图 5-13）。

所有成功的品牌，包括区域公用品牌，都是通过强势的战略产品来占据消费者心智，打开品牌建设之路。三产融合类乡村产品品牌也不例外。

图 5-13　小堤村一角

二、三产赋能：品牌价值"线"

以产品这个融合点为基础建设三产融合类产品品牌的目的是通过资源勾兑、要素重组，实现融合质变的效应。要想实现三产的融合质变效应，关键是要由品牌核心价值这条"线"串起整个价值链，以品牌核心价值赋能一二三产业，打造产业价值共同体。

有一些乡村产业在打造三产融合发展模式时，关注到了产品融合"点"，却忽视了品牌价值"线"，导致只有产品呈现，缺少价值沟通，没有给消费者传递"应该甚至必须来这里"的价值感。如此一来，最后的结果就是产品雷同、竞争激烈——你搞休闲采摘，我也搞休闲采摘；你搞民俗旅游，我也搞民俗旅游。

江苏盐城的乾宝牧业，既有产品融合"点"，又有品牌价值"线"，是发展三产融合模式的典型代表。乾宝牧业以湖羊为核心，构建了湖羊科研、湖羊养殖、湖羊饲料加工、湖羊粪有机肥加工、湖羊肉加工销售、湖羊肉餐饮、湖羊特色小镇等业务板块，打造三产融合的湖羊产业综合体。

在这个湖羊产业综合体内，吃、住、游、娱、购等活动都是围绕湖羊产品而展开的，将农牧业的产业环节与旅游产品无缝对接，打造成为集科普教育、休闲体验、餐饮美食、商品购买、度假住宿等于一体的休闲农场，形成一个完整的三产融合产业链、一个可持续发展的产业模式（图5-14）。

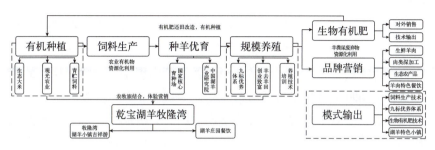

图5-14　江苏乾宝牧业产业模式

　　同时，乾宝牧业以中国传统文化中羊的"吉祥"文化为品牌价值"线"，串起了吃、游、购等产业。具体来说，就是湖羊肉产品以"吉祥"文化体现品牌和产品的文化感和价值感，吸引消费者购买湖羊肉产品；牧隆湾湖羊小镇以"吉祥游"来包装整体旅游产品，与其他乡村旅游产品形成了主题差异；湖羊餐饮则主打"吉羊宴"，提出"逢喜事，吉羊宴；以羊为膳，兴旺吉祥"的消费诉求。

　　有了"吉祥"文化这条价值"线"，乾宝牧业在吃、游、购三方面就能打造价值共同体，产品、旅游、餐饮互相赋能，协同提升。

三、三产拓展：消费生态"圈"

　　自然万物，都有自己赖以生存的生态圈。大自然如此，乡村产业亦如此。

　　乡村产业消费生态"圈"，是指以消费者价值为导向，打破单一产业边界，纵向整合一二三产业，横向拓展消费链，实现链圈式价值重构的消费生态体系。

　　一个强大的消费生态圈，可以促进一二三产业各环节之间的联系，建立起来一个闭环的商业消费体系，从而促进一二三产业整个消费生态圈的健康发展。

　　清华大学清农学堂设计打造的安徽"三瓜公社"（图5-15），是打造三产拓展消费生态"圈"的典型代表。这里的"三瓜"是指南瓜、冬瓜、西瓜。"三瓜公社"范围达 10 平方千米，涵盖冬瓜民俗村、南瓜电商村和西瓜美食村三个各具特色的村庄，组成了一个旅游文化村落。

三瓜公社以"三瓜"产品为核心，用"瓜"这个产品点把三个特色村融合在一起。"三瓜"涵盖西瓜、南瓜、冬瓜三种产品，扩大了三瓜公社的建设范围，让更多乡村受益。既实现了"一村一品"的特色发展，同时又避免了资源分散、各自为战。

三瓜公社以"把农村建设得更像农村"为价值线，确立"整旧如故、体验其真"的规划理念，保护乡村建设本色，展示乡村自然人文特色。

三瓜公社打造"线下体验、线上销售，企业引领、农户参与，基地种植、景点示范"的消费生态圈，围绕民俗、文化、旅游、餐饮、休闲等多个领域，综合现代农特产品的生产、开发、线上线下交易、物流等环节，探索出一条信息化时代的"互联网+三农"之路。

图 5-15　三瓜公社美景

(摘自三瓜公社官网)

第六章

新时代品牌传播与
新营销模式构建

互联网时代，社会化媒体崛起、新渠道模式演变、国内与国际竞争加剧，加之消费结构与消费人群转变，使得乡村产品品牌在营销推广与渠道建设方面面临诸多挑战，但同时也享有着不可估量的发展机会。利用社会化媒体传播工具，品牌信息可充分传达至消费者并可及时获得反馈，还可以通过共创内容进一步构建品牌资产；社交电商、短视频直播电商等新型渠道，扩充了乡村产品品牌的渠道空间；而大数据、场景化、IP、UGC 等新型营销模式，又给乡村产品品牌带来了新的营销思路；农产品国际化竞争趋势，虽然在一定程度上加剧了乡村产品品牌的营销难度，但更进一步地推动了产品质量管理与国际竞争力的提升。

第一节　高大上：品牌传播策略与实践

一、乡村产品品牌的高价值传播策略

（一）社会化媒体时代的品牌传播

1. 社会化媒体崛起　社会化媒体（Social media）亦称社交媒体，是在互联网发展的时代背景下，基于用户关系进行内容生产与交互的平台。

2019 年 2 月，中国互联网络信息中心（CNNIC）发布了第 43 次《中国互联网络发展状况统计报告》。报告显示：截至 2018 年 12 月，

中国网民规模达 8.29 亿，其中即时通信用户规模达 7.92 亿，网络新闻、购物、支付、视频、短视频等用户规模也都在 6 亿以上。而社会化媒体凭借内容多元化、传播速度快、互动性强的优势，成为大多数网民的选择，有着巨大的用户基础，是重要的传播力量。2019 年 1 月，微信官方公众号发布了 2018 年微信数据报告，2018 年微信月活跃用户已达 10.82 亿（图 6-1）。

图 6-1　2019 年中国社会化媒体生态概览

2. 消费者生活形态演变　伴随着移动互联网快速发展与 80 后、90 后、00 后新生代成为消费主力军，中国消费者的生活形态正在发生六大演变：娱乐性关注、选择性获取、体验性记忆、对比性购买、自媒体传播、即时性反馈（图 6-2）。

（1）娱乐性关注，有趣才吸引。社会化媒体时代，娱乐化内容既是关注点亦是传播点，还是二次传播的引爆点。人们关注娱乐性的内容、有趣的信息，并乐于在微信、微博等社会化媒体上晒出自己的娱乐生活，而且更愿意对娱乐性内容进行二次传播、甚至再创造。

（2）选择性获取，相关才走心。陌生人社会代替熟人社会、生活节奏加快，使得人们习惯于活跃在由文化、兴趣、职业等方面构成的

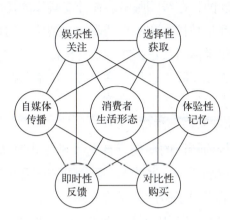

图 6-2　消费者生活形态的六大演变

社交圈子中，只选择那些"与己相关"的品牌信息和事件进行深入了解。所谓"与己相关"，就是需要品牌不再是冷冰冰的一个"物体"，而是要具备与消费者产生情感关系。

（3）体验性记忆，参与才深刻。在移动互联网时代，唯有让消费者参与进来，形成良好体验，才能留下品牌印记。因此，品牌的营销活动一定要充分考虑消费者在消费前、消费中、消费后等全过程中的需求，打造深刻体验，使品牌深深烙印在消费者的大脑中。

（4）对比性购买，差异化青睐。随着物资供应愈加充盈，消费者不满于对单一产品的需求，对比性购买兴起，同质化产品的价格战将愈演愈烈。唯有在品牌层面打造差异化的价值、创新新品类，以及在品牌层面建立消费者情感联系，才能在一定程度上打破消费者的对比性购物所带来的竞争压力。

（5）自媒体传播，人人皆媒体。在社会化媒体兴盛的当今时代，每个消费者既是内容的接受者同样也是内容的传播者，人们既可以接收品牌信息，也可以通过社会化媒体将品牌信息发布到自己的社交圈。这种品牌信息可能是对品牌的好评，也可能是对品牌的负面评价。因此，品牌拥有者需要对于消费者发布的品牌信息进行持续公关监控和跟踪，还必须通过自主创意，引导消费者对品牌信息进行正面传播，扩大品牌的曝光率和知名度。

（6）即时性反馈，在线即服务。在社交媒体的几何级传播下，品牌任何负面新闻都将被扩大化甚至妖魔化，消费者的喜恶就在一念之间。为应对社会化媒体时代迸裂式的信息传播特点，企业需要通过布局企业级社会化媒体矩阵来进行客户服务、舆情监控、口碑管理、危机管理，以及吸引粉丝、舆论引导等。

（二）消费心理及行为特征演变

消费心理和行为特征的演变，首先体现在品牌消费的全面展开，从消费层次到消费品质，从消费形态到消费方式乃至支付方式，新时代的消费者与之前形成了截然不同的差异。

以饮食消费的 4.0 时代为例（图 6-3）。20 世纪 80 年代，我们处于饮食消费的 1.0 时代，消费者追求的无非是"吃饱"二字，养殖业的新希望集团、温氏集团，种植业的登海种业，是这个时代发展起来的典型企业。到了 90 年代，中国基本解决了"吃饱"的问题，饮食消费进入 2.0 时代，关键词变成了"吃好"，金龙鱼、鲁花是这个时代的代表性企业。21 世纪初，我们进入了饮食消费 3.0 时代，开始注重"吃营养、吃健康"，蒙牛、双汇、思念等企业获得快速发展。伴随着互联网的发展和 80 后、90 后新生代的上位，从 2010 年起我们迈入了饮食消费的 4.0 时代，"吃品质、吃个性"成为人们的首选，特仑苏、三只松鼠等成为时代的佼佼者。

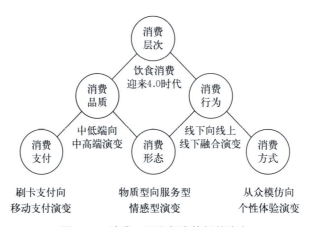

图 6-3　消费心理和行为特征的演变

（三）品牌传播方式演变

在传统媒体当道的时代，广告为王，品牌信息以"广而告之"的方式被硬塞给受众，央视标王是广告为王时代的典型产物。其后，品牌传播的定位时代开启，"准而告之"成为信息传播的显规则，受众精准的网页弹出广告、电梯间的分众广告成为当红的传播手段。随着社会化媒体的崛起，品牌传播方式迈入了"互动时代"，"动而感之"成为这个时代品牌传播的精神内核（图6-4）。

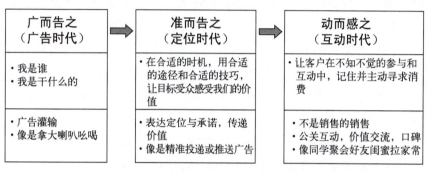

图6-4　社会化媒体崛起与品牌传播方式的演变

社会化媒体传播的核心，在于"感"——对品牌和产品感兴趣，进而引发情感共鸣，最终实现消费者的自发传播，实现"人——从——众"的裂变传播效果（图6-5）。

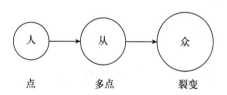

图6-5　社会化媒体的裂变效应

（四）乡村产品品牌的高价值传播

1. 乡村产品品牌传播的"四感"营销

（1）参与感——让消费者对号入座被尊重，充分参与，共创内容。乡村产品品牌的参与感，即消费者与品牌相互"匹配""融合"，品牌能够让消费者"对号入座"，产生对品牌的认同与共鸣。消费者可以参与到品牌和产品的研发、生产、传播和消费的全过程中。针对乡村产品品牌，农旅一体化的结合可以使品牌的参与感相对更容易实现。

（2）获得感——让消费者有所收获，物有所值。品牌传播中，需要让消费者获得实实在在的利益。消费者收获利益后感觉满足，物有所值，物超所值，从而产生获得感。消费者在参与品牌传播的过程中，不仅是收获打折、让利、赠品等物质利益，更重要的是获取感知到价值的"社交货币"。消费者乐于分享这一社交货币，便会发朋友圈、微博、口口相传，甚至成为为农产品代言的网红。

（3）幸福感——愉悦消费者身心，幸福相爱。消费者对精神层面的需求随着时代的变迁而越来越强烈，消费者希望能够得到更多的品牌价值和体验，尤其注重因获得诸多满足而衍生出的幸福感。这就要求品牌在传播过程中，要创造更多满足点和幸福感。

（4）优越感——激发消费者自豪感，主动传播。当品牌满足了消费者能够彰显个人身份和地位的需求后，消费者就会产生优越感；优越感也可以来源于因品牌理念和消费者个人理念相吻合而产生的满足感。如今，我国消费者对民族优越感、乡土情怀、品牌产地意识以及全球消费文化等开始产生越来越深层次的理解，从而扩大了品牌与消费者在理念层面的对接。企业可以在多个层面与消费者完成连接，增强消费者的优越感。

2. 乡村产品品牌的传播策略

（1）价值第一，新闻为上。乡村产品品牌，可依托政府的公信力和权威性，打造高价值力，提升涉农企业和个体的品牌和产品附加值，这是乡村产品品牌传播的重点。

新闻比广告传播具有更强的公信力和权威性，应当成为乡村产品品牌首选的传播方式。当然在选择新闻媒体时，应在力所能及的情况下尽量选择价值度比较高的媒体，如央视、凤凰卫视、人民日报、新华社、农民日报、农业农村杂志、中国食品报等。

除了新闻媒体的选择外，乡村产品品牌的推广更需注重"新闻事件"的推广，即以新闻事件而非硬广的方式进行品牌传播。新闻事件包括品牌发布会、LOGO 征集、品牌研讨、企业重大创新事件、优秀人物报道、品牌活动报道等。

（2）信息泛滥，内容为王。在社会化媒体环境下，信息量暴增。为了吸引消费者的目光，品牌传播需要从产品思维转向内容思维，即"内容为王"。产品思维是以消费者的需求为出发点，内容思维是以读者（品牌信息浏览者）的喜好为出发点。在乡村产品品牌传播的过程中，必须摆脱以前的新闻式、行政公文式行文，从读者思维入手，用读者喜欢看的方式进行品牌内容的传播。

（3）公关造势，口碑传播。著名广告人大卫·奥格威很多年前就总结："广告是自己说自己好，公关是让别人说你好。"在社会化媒体盛行的今天，"让别人说你好"有了更好的传播途径，公关造势、口碑传播也成了更有力的品牌传播方式。

（4）互动体验，社群推广。当有着相似教育背景、经济条件、生活方式、意识形态或艺术品位的人汇聚在一起，就会形成社群。社群可以自然形成，也可以有意识地营造。在社群中的品牌推广，更容易达到传播效果和营销影响力的最大化。随着社会化媒体兴起，消费者转向信任体验者，特别是与自己同属于一个群体的体验者。当消费者看到自己社群里的人在评论和推荐一个品牌、一个产品的时候，这种品牌的传播是最有效、最具信任力的。

二、乡村产品品牌的传播实践——区域公用品牌传播

（一）区域公用品牌宣传策略

区域公用品牌宣传首先需要解决四类受众问题：第一类是内部群体，即参与区域公用品牌建设的所有参与者，从本地的政府各部门到企业、合作社直到每个农户；第二类，高端协作群体，包括上级主管部门、政府官员、各大协会、权威机构等；第三类，产品目标消费者；第四类，产业链上下游客户。

其次，需要针对这些群体制定不同宣传策略，投放不同的宣传内容，简述如下。

1. 内部群体宣传，打造品牌价值共同体　农业区域公用品牌的

内部宣传，主要通过召开联席会议进行顶层设计。通过品牌发布会、协会会员大会、品牌管理培训会、内部交流会等形式，将区域公用品牌的价值系统、管理办法等传递到内部各单位、企业和个人中，形成内部群体对农业区域公用品牌价值的充分认同。

此外，建设官网，"两微一抖"等官方自媒体要求全员关注、定期供稿、转发分享等方式，也是进行内部宣传的良好手段。有的地方在建设区域公用品牌过程中，通过市委宣传部组织，建立了市、县、乡镇政府公务员及企业员工四级联动的新媒体群，一次全员转发就突破 10 万阅读量。依据传播学相关理论，品牌曝光量达到一个阶段后，会呈现指数级增长，其中传播量的积累非常关键，而区域公用品牌有机会利用自身品牌覆盖的人口基数达到这一效果。

2. 高端协作宣传，为品牌争取更多信任背书 树立区域公用品牌的公信力和权威性，提升品牌价值，从而为企业品牌、产品品牌赋能。打铁还需自身硬，区域公用品牌如果自身的影响力、价值度、美誉度等不足的话，就很难受到本地企业欢迎，会陷入"大企业不屑用，小企业没法用"的尴尬境地。

为此，农业区域公用品牌进行高端协作宣传，争取获得认证、奖项、荣誉证书、专利等以及进入相关权威媒体的大数据系统都很有必要。这类荣誉通常是通过参与国内外大型展会论坛如农交会、中国农业（博鳌）论坛、茶博会等奖项评选取得的；有实力的地方可在本地召开产业发展论坛，承办省级、国家级峰会等。此外，对接国家级权威媒体，也是进行高端协作宣传的必要方式。

3. 针对产品目标消费者的市场宣传 农业区域公用品牌需要根据自身产品的特点进行目标消费者的市场宣传，而且不仅是自说自话的宣传，更需要品牌本身能与消费者进行深入沟通，引发消费者共鸣，实现用户生产内容（UGC）传播。为此，品牌管理方需要依据产品属性和目标消费者需求，在消费者传播的各个接触点上展开系列公关传播活动，设置一系列的话题，制造相关事件，引发消费者参与欲望，引导消费者讨论，进而实现自身品牌的广泛传播。

4. 产业链上下游宣传 农业区域公用品牌往往涉及很长的产业

链，目前多数地方品牌停留在第一产业的种养业，在科研、加工、销售、三产融合等方面需要更多地借助外部力量。为此，需要通过招商推介会、品牌发布会等形式邀请产业链合作商家，共同打造本地农业区域公用品牌，同时积极参与各类行业展会、论坛，包括食品行业的糖酒会、保健品行业的保健品大会、旅游行业的全国旅业大会等。此外，通过和权威行业网站、媒体进行合作，发布供求信息、新闻报道等形式，也是品牌宣传的有效手段。

（二）区域公用品牌推广路径

1. 展会节庆效果推广　随着国家对农业尤其是品牌农业愈加重视，近年来全国性的综合类以及行业类大型会议论坛越来越多，地方特色农业节庆活动也越来越丰富。其中，一些国家级大型展会和地方特色节庆活动，凭借着行业内权威的地位和广泛的知名度，影响力越来越大，成为众多农业区域公用品牌和地方特产展示自身和提升品牌知名度的重要平台。

例如，在 2018 年第十六届中国国际农产品交易会上（图 6 - 6），以"质量兴农、品牌强农、绿色发展、乡村振兴"为主题，举办了中国乡村振兴战略高峰论坛、全球农业南南合作高层论坛、全国品牌农产品推介活动、风险管理与农业品牌论坛、第四届全国农产品地理标志品牌推介会等 13 项重大活动，吸引了 4 000 多家企业参展，参展产品达 16 000 种，到会采购商和专业观众达 5 万多人次，其中全球重点采购商 40 家，观展观众超过 40 万人次；会上还评选发布了农交会参展产品金奖 299 个，农博会袁隆平特别奖 7 个、农博会参展产品金奖 53 个。

图 6 - 6　第十六届中国国际农产品交易会

　　此外，很多专业性的展会也已经实现品牌化发展，如杭州的中国国际茶叶博览会、中国国际薯业博览会、一带一路食品产业国际峰会(图6-7)、中国农业（博鳌）论坛（图6-8）等。这些峰会、博览会等通过行业细分和专业细分，给不同需求的品牌带来很多推广机遇。

图6-7　一带一路食品产业国际峰会

图6-8　2018中国农业（博鳌）论坛

　　许多地方的农业特色产业有着自己历史悠久的节庆活动，如查干湖冬捕节、长白山人参节等。这些地方继承历史活动，并将其发展成极具特色的节庆活动，吸引了大量的消费者关注，成为农业区域公用品牌扩大影响力的前沿窗口。

2. 新闻媒体事件推广　　新闻媒体具有很强的公信力和权威性，是农业区域公用品牌重要的传播平台。按照媒体形式的不同，新闻媒体可以分为平面纸媒、广播电视、新闻网站等类型（表6-1）。

表6-1　新闻媒体的分类

类别	平面纸媒	广播电视	新闻网站
名称	人民日报、新华日报、农民日报、中国食品报、光明日报、经济日报、农产品市场周刊、各细分行业报刊、各地主流报纸……	CCTV、各地卫视、各地广播电台、视频类网站……	新华网、人民网、中国网、央视网、凤凰网、新浪、网易、腾讯、搜狐、今日头条、中国农业新闻网、中国食品报网、各类细分行业门户网站、各地方主流门户网站……

在第十六届农交会上，抚松人参品牌活动的媒体推广，就是充分利用了新闻媒体的推广力量，实现网络媒体整体覆盖，达到了良好的宣传效果。抚松人参相关活动报道在全国知名网站如中国青年网、央视网（图6-9）、中华网、新华报业网、环球网、大众网、腾讯新闻、网易新闻、搜狐网、凤凰网、国际在线、中国网等权威媒体发布，52家媒体转载。中国食品报网（图6-10）、中国农村网、中国食品网等专业媒体头条新闻均有发布。

图6-9　抚松人参活动报道央视网页面

图 6-10　抚松人参活动报道中国食品报网页面

3. 社交网络热点推广　随着移动互联网的普及，普通个体拥有了前所未有的话语权，互联网特别是社交媒体激活了以个人为基本单位的传播构造，媒体推广已经进入了"自媒体推广，人人皆媒体"的新时代。

人人都是媒体。微博、微信、贴吧、论坛、社交网站、社交软件、直播等具有联系与沟通属性的新媒体，让每个消费者不仅是品牌信息单纯的受众，而是具备媒体与受众的双重身份，每个人都成为信息传递的一个节点。在人人都是媒体的时代，每一条品牌信息，都有可能被消费者通过手机和社会化媒体平台，拓展到自己的朋友圈和社交圈。利用好自媒体的传播优势，对于农业区域公用品牌的宣传效果有极大的助力。

泰山茶在参加 2018 年第二届中国国际茶博会上制定的传播推广策略，为农业区域公用品牌利用多元媒介载体、实现全网整体传播提供了良好的示范。茶博会期间泰山茶微博话题获得当日榜单全国第四名的好名次，微博曝光量 1 500 万人次。相关内容的微信公众号、百度问答、百度贴吧、各大论坛等网络矩阵随活动宣传初步建立起来（图 6-11）。

图 6-11 泰山茶新媒体传播

第二节 接地气：品牌营销渠道策略

一、乡村产品品牌的基本渠道模式

乡村产品渠道是指乡村产品从农户流向消费者的过程中所采取的流通方式或组织方式。目前，我国乡村产品渠道市场形成了以农户、生产基地、加工企业、运销大户、批发商以及零售商为主要渠道主体，以农贸市场、批发市场、超市专卖店、酒店食堂餐饮、电子商务等为载体的格局。

乡村产品品牌流通渠道涉及的因素和环节众多，产品到达最终消费者的渠道线路可短可长，目前其渠道模式开始由扁长带鱼型向鲤鱼型发展（图 6-12）。

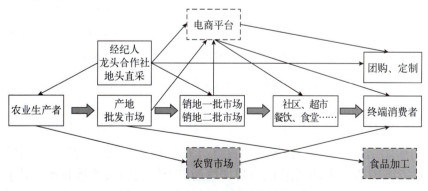

图 6-12 乡村产品流通渠道覆盖环节

（一）农贸市场渠道模式

农贸市场渠道模式是指乡村产品生产者或零售商在某一相对固定场所直接与消费者进行买卖的渠道模式，具体又分为产地农贸市场、销地农贸市场两种类型。

产地农贸市场渠道模式是具有中国特色的乡村产品流通模式，主要是由于乡村产品生产地距离当地消费市场比较近，可以直接在当地集市上出售或吸引消费者到生产地采购乡村产品而形成。销地农贸市场模式则是由乡村产品运销大户或批发商从农户中收购乡村产品，然后转销给零售商，再由零售商在市场中直接出售给消费者的渠道模式。这是目前我国乡村产品流通的主要渠道模式。

（二）批发市场渠道模式

1. 专业型、综合型批发市场　依据交易商品的种类范围，农产品批发市场分为专业型和综合型两种。专业型批发市场日常交易的农产品在两类以下（含两类），如果蔬批发市场、粮油批发市场、副食品批发市场等；还有只交易一个品类的批发市场，如蔬菜、水产、水果、花卉、调味品、食用菌、中药材、活禽、活畜、观赏鱼、禽蛋、种子等批发市场。综合型批发市场日常交易的农产品在三大类以上，一般规模比较大，如北京新发地市场、深圳海吉星农批市场等。

2. 产地、销地、集散地批发市场　按农产品市场的城乡区位分布，农产品批发市场可分为产地农产品批发市场、销地农产品批发市场和集散地农产品批发市场三种类型。产地农产品批发市场是建在靠近农产品产地的、以一种或多种农产品为交易对象的批发市场。销地农产品批发市场是建在城市近郊甚至市区、以多种农产品为交易对象的批发市场。集散地农产品批发市场是建在农产品产地和销地之间的便于农产品集散的地方、以一种或多种农产品为交易对象的批发市场（图 6 - 13）。

吉林省是我国人参主产区，其中抚松县抚松人参占全省总产量的一半以上。抚松县万良镇基于人参产地的地缘优势，从 1989 年起建立了万良人参市场（图 6 - 14），是世界上最大的人参集散地，对于区域经济发展发挥着重大作用。

图 6-13　集散地市场——安徽亳州中药材交易市场

图 6-14　吉林抚松万良人参市场

（三）农超对接渠道模式

农超对接渠道模式是我国近年来重点鼓励发展的农产品渠道模式，主要是指农产品的生产者如农户、合作社、生产基地与企业等直接与生鲜专卖店、社区连锁便利店、大型超市等大型零售商签订采购协议，将农产品销售给零售商，再销售给消费者的渠道模式。该模式由于直接连接生产者和零售终端，具有流通环节少、成本低以及效益高等优势。

（四）餐饮直供渠道模式

餐饮直供渠道模式就是农产品直接从田间地头销售至餐饮连锁

141

店、集体食堂、酒店餐馆等餐饮渠道的新型农产品流通模式。农产品的销售、体验以及消费者互动直接嫁接在餐饮平台，附加值提升较高（图6-15）。

如某一主打西北特色菜的餐饮连锁店，除了将西北地区特色谷物产品莜麦、糜子等发扬光大外，还将西北地区特色水果——戈壁白兰瓜带入消费者视野，对当地产品生产、品质升级、产品销售乃至品牌打造都起到了良好的引导作用。

图6-15　农餐对接——洪湖水产品牌同北京餐饮渠道对接会现场

（五）电子商务渠道模式

乡村产品电子商务渠道模式（简称农村电商模式），是指通过电子商务手段在互联网上直接销售乡村产品的模式。农村电商模式经过近几年的高速发展，业态不断创新、模式不断细分与精进。

1. 农村电商模式呈现多元化　在互联网时代，阿里巴巴、京东、苏宁三大电商大举进军农村市场，通过农村淘宝、京东帮服务店等形式，将传统网络零售带到乡村，电子商务带动技术流、资金流、人才流、物资流向农村地区集聚，揭开乡村电商发展的大幕。随着社会化媒体崛起，以微商、网红直播、短视频等为代表的新型社交电商层出不穷，云集、拼多多等社交电商平台更是为乡村产品上行打开了新通路。

2. 生鲜电商迈向高质量发展　依托于居民消费水平的不断提高

与升级、物流基础设施的日益完善和成熟，作为乡村产品电商的重要业态，生鲜电商发展迅速。平台生鲜电商如天猫生鲜、京东生鲜，垂直生鲜电商如易果生鲜、每日优鲜，新零售生鲜电商如盒马生鲜、永辉超级物种，线下企业转型生鲜电商如百果园、多点等，持续推动着生鲜电商市场的拓展，模式转型也日趋加快。

3. 新零售掀开乡村电商新篇章　2016 年 10 月，阿里巴巴集团率先提出新零售构想，引发了社会各界的广泛共鸣。盒马生鲜、永辉超级物种、京东 7 Fresh 等乡村产品零售创新不断涌现。各大电商巨头纷纷布局农村新零售，从线上线下竞争到线上线下融合，乡村电商进入全新发展阶段。

素有"北方春果第一枝"的烟台大樱桃，可以说是乡村产品运用电商渠道模式营销成功的典范（图 6－16）。自 2014 年起，烟台市相关部门即引导淘宝"特色中国·烟台馆"等电商企业组织农业合作社、大樱桃市场等单位，以"平台＋电商＋合作社"的模式开拓烟台大樱桃电商销售，并举办"京东樱桃节""淘宝樱桃节"等网络节庆促销活动，有效提升了烟台大樱桃知名度和美誉度。

图 6－16　中国邮政 EMS 为烟台大樱桃电子商务提供专机服务

二、政府助力：产业扶贫，产销对接

（一）产业扶贫，乡村发展

产业扶贫，是以市场为导向，通过扶持发展特色产业，采取股份制、股份合作制、土地托管、订单帮扶等多种形式，建立贫困户与产业发展主体间利益联结机制，促进贫困地区发展、贫困人口增收的扶贫方式。产业扶贫是打赢脱贫攻坚战的工作重点，是提高贫困群众自我发展能力的根本举措，是其他扶贫措施取得实效的重要基础。

2016年11月，国务院发布《"十三五"脱贫攻坚规划》在规划的第二章中明确指出，农林产业扶贫、电商扶贫、资产收益扶贫、科技扶贫是产业发展脱贫的重要内容，同时提出农林种养产业扶贫工程、农村一二三产业融合发展试点示范工程、乡村旅游产品建设工程、休闲农业和乡村旅游提升工程、乡村旅游扶贫培训宣传工程等是"十三五"期间重点实施的产业扶贫工程。

（二）产销对接，助力扶贫

对乡村产品进行产销对接，是助力扶贫、乡村振兴的重要途径。2018年6月下旬，农业农村部在北京举办首场贫困地区农产品产销对接活动（图6-17）。首场对接活动现场签约超过54亿元，总采购额达到127亿元，采购量约252.6万吨*。农业农村部部长韩长赋出席启动仪式并讲话，农业农村部副部长屈冬玉在启动仪式上宣读了《贫困地区农产品产销衔接行动倡议书》。《倡议书》由农业农村部联合中央和国家机关工作委员会、国家发展改革委、教育部、民政部、商务部、国务院国有资产监督管理委员会、国家机关事务管理局、国务院扶贫开发领导小组办公室、中共中央直属机关事务管理局共同发出，号召各级组织、新闻媒体和广大消费者行动起来，积极为贫困地区农产品产销对接贡献力量。

本次活动同时拉开2018年农业农村部支持贫困地区农产品产销对接六大行动的序幕。

1. 开展贫困地区农产品出村活动　主要组织农业龙头企业、大型农产品批发市场、大型商超物流企业、加工企业、食品企业、电商平台等市场流通主体"走进山村、走进市场"。开展大规模的特色农

---

* 彭小元，雷刘功，夏树，等，2018. 产品出村 助力扶贫——2018全国贫困地区农产品产销对接行动在京启动［J］. 农产品市场周刊，2018（25）：8-13.

图 6 - 17　2018 全国贫困地区农产品产销对接行动启动仪式现场

产品产销对接活动，同时贫困地区农产品企业参加中国国际茶叶博览会、中国国际农产品交易会等，设置扶贫专区，开展专场推介活动，在展会费用方面给予减免政策。

2. 开展贫困地区特色农业品牌创建活动　制定相关农产品区域公用品牌奖补政策，支持"三区三州"贫困县开展"一县一品牌"建设，一个县重点培育和打造一个农产品区域公用品牌。加快推进贫困地区特色优质农产品"三品一标"认证建设，在认证费用上给予一定减免。

3. 开展贫困地区农产品电商出村工程　主要是组织 10 大电商在 30 个贫困县开展农产品电商出村工程试点，依托电商平台，开展特色优质农产品电商促销月行动。每个试点县选择 1～3 个特色优质农产品，由电商企业、地方政府、信息进村入户运营商、合作社等多种主体共同出资，整合现有资源及渠道，帮助小农户用信息化手段对接大市场。同时在农产品集中上市时间，选取量大质优农产品开展相关促销活动。建成 5 000 个益农信息社，给予每个益农信息社建设补助；同时，鼓励地方对农产品电商平台给予奖补资金。

4. 实施贫困地区农产品产地市场建设工程 在集中连片贫困地区建设和改造一批直接服务农户的区域性农产品产地市场和田头市场，提升农产品分等分级、预冷、初加工、冷藏保鲜、冷链物流等能力。

5. 开展针对贫困地区的爱心扶贫销售公益活动 组织相关部委、各级政府部门、企事业单位、社会团体等各界人士主动优先购买贫困地区优质农产品；同时利用市场化手段，以"农业农村部爱心扶贫销售公益网"等冠名方式，联合京东、苏宁等大型电商，直接采购贫困地区农产品，低价或免费提供给中小学、养老院等，开展"一天一个水果""一天一杯果汁"等公益活动。

6. 做好贫困地区农产品产销对接宣传活动 推动中央主流媒体为贫困地区播放特色优质农产品公益广告；邀请中央宣传部联合发力，推动新华社、人民日报、中央广播电视总台等主流媒体开展贫困地区农产品专题宣传。

2018年金秋时节，云南昭通苹果产业扶贫产销对接会在昭通召开（图6-18）。产销会以"昭通苹果、香飘万里、产销对接、助力扶贫"为主题，着力向来自全国各地的客商推介促销昭通苹果。此次活动创新了昭通苹果销售和采购模式，让当地企业一次对接50多家采购商，对提高昭通苹果知名度、扩展营销渠道、增加果农收入具有重大意义。

图6-18　云南昭通苹果"产业扶贫，产销对接会"现场

第三节 新模式：乡村产品品牌新营销

一、消费大数据赋能乡村产品品牌

（一）大数据助力乡村产品品质全面提升

乡村产品要塑造高价值品牌，首先要致力于生产优质产品，这离不开乡村产品生产中的质量控制。在乡村产品生产的过程中，通过分析挖掘各环节中的有效数据，可以找出提升乡村产品品质的价值信息，构建起乡村产品质量控制的标准化数据模型库，从而依据标准适时调整质量问题，提升乡村产品品质。

（二）大数据助力乡村产品品牌稳步成长

品牌塑造的关键在于建立品牌优势。渗透于乡村产品生产、加工、流通、传播、消费各环节的数据，对品牌优势的挖掘有着非常重要的意义，利用大数据技术挖掘乡村产品的价值，有利于建立基于乡村产品本身特性与迎合消费者喜好的品牌优势。

（三）大数据助力乡村产品品牌推广传播

在当今社会化媒体时代，品牌内容与用户生产内容（UGC）所反馈出来的信息数据是非常庞大的。所以，品牌传播若要做到精准定位和寻找到目标消费群体，就需要借助大数据平台的计算、分析和挖掘功能。大数据快速获取、存储与分析数据的能力，可以在市场预判和引导消费者品牌倾向方面提供更好的帮助，为乡村产品品牌传播打开第一道门。

2018年12月，中国农业（博鳌）论坛在海南博鳌举办，在其分论坛农业品牌论坛上，中国食品报社品牌农业战略推进中心、光华博思特消费大数据中心联合发布了《2018中国农业资源与市场大数据及品牌农业发展趋势报告》（图6-19）。报告从农业产业的基本情况、农业重点产业的发展趋势、"互联网＋农业"与农业产业价值再造、农业产业品牌战略思维与深度等四个方面，系统地解读了农业的大趋势、大未来。

图 6-19 2018 年中国农业（博鳌）论坛——农业大数据发布现场

二、乡村产品品牌的消费场景与品牌 IP

（一）场景化营销和需求洞察

所谓场景化营销，是指消费者在某一特定的场景中，产生了相应的心理状态和需求，继而发生的营销行为。场景不仅是一种营销手段，其本身就是产品或是产品形态更广泛的延伸。场景化营销，具有多样化特点。

1. 产品场景化，更垂直细分　随着消费升级，各类产品的消费需求也逐渐细分，呈现多元化、功能化以及体验化等特点。从产品的生产、包装设计到产品的适用人群，再到适用场景，都要以新的需求为出发点，不断垂直细分产品品类。

2. 渠道场景化，更多元便捷　在互联网时代，消费者对乡村产品品牌的更高需求是，不管在线下实体店还是线上任何一个渠道，都要能迅速、快捷、安全地买到自己需要的产品。这就要求乡村产品品牌对"消费场所"的布局要更多元、有更多选择性，有更便捷的买卖服务体系。

豆黄金食品有限公司生产的天然腐竹，产品用料和品质控制严苛，只选用非转基因大豆，不添加任何添加剂，产品售价是普通腐竹的 5 倍左右。这种高价格在普通的销售渠道售卖，一时难以被消费者认可。豆黄金食品另辟蹊径，聚焦餐饮渠道，大力开发餐饮饭店作为豆黄金腐竹的主要销售终端。在餐饮饭店打造"豆黄金就是天然腐竹"的产品场景，提出"如检测出豆黄金天然腐竹添加任何有害物质，奖励10万元"的质量宣言（图6－20）。通过餐饮场景的打造，豆黄金食品已与国内餐饮百强中的80多家达成合作，进入他们的食材采购名单。如此一来，豆黄金食品既给餐饮饭店带来"采购好食材"的高品质形象，又通过餐饮场景带给消费者直接的产品消费体验，进而带动线上线下的产品销售。

图6－20 豆黄金食品品牌形象

3. 内容场景化，更突出感性 在社会化媒体时代，消费者更追求"产品"及"渠道"本身之外传递出来的附加内容，这使得品牌运营更看重内容输出。一方面，凭借创作消费者喜闻乐见的内容，增加与消费者的互动沟通、深度黏合消费者；另一方面，通过内容输出品牌温度，以情感增加消费者对场景的需求。

（二）IP是品牌营销破局的利器

IP原意为知识产权（Intellectual Property），指权利人对其所拥有的知识资本所享有的专有权利，一般只在有限时间期内有效。IP营销，其本质就是让品牌与消费者之间的连接重新回归到人与人之间的连接，重塑信任，让彼此之间的关系更紧密，让产品更有温度和人格魅力。在社会化媒体时代，IP更多的是指能够仅凭自身的吸引力，挣脱单一平台的束缚，在多个平台上获得流量进行分发的内容或个体，是一种"潜在资产"。

1. 审视 IP 的两大标准 营销意义上的 IP，其内核仍旧是"智力劳动成果"。但必须要坚持两条标准看待 IP 营销：一是具有多元化开发能力的原创内容源，即 IP 能够进行多平台、多表现形式适配；越容易改变的 IP，其商业价值就越大。二是对目标消费人群具备影响力。值得被营销的 IP，一定是需要被人买单的，这是决定一个 IP 是否具有开发价值的根本原因。

2. 乡村旅游品牌 IP 塑造典范——熊本熊 日本的一只萌系 IP 小黑熊，让日本熊本县从名不见经传的弹丸之地到火爆全球的旅游胜地，而熊本熊也成了乡村品牌化策略的典型案例（图 6 - 21）。

（1）熊本熊形象设计。

熊本熊的形象：熊本县的特色＋萌系角色的腮红。

熊本熊的性格：搞怪、蠢萌、趣味。

熊本熊的角色：吉祥物、临时演员、营业部部长兼幸福部长。

熊本熊的职责：宣传熊本县的旅游景点及特色产物。

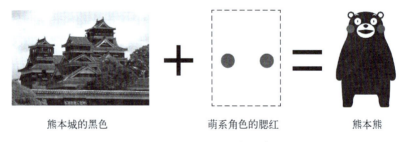

熊本城的黑色　　　　　　萌系角色的腮红　　　　　　熊本熊

图 6 - 21　熊本熊形象设计

（2）熊本熊的营销策划。不同于大多数卡通形象通过授权金来创收变现的形式，熊本熊不收取任何授权费，只要获得相关部门批准后就可在日本境内使用。极低的使用门槛，呆萌可爱的形象，使熊本熊受到日本各地的推崇，到处可看到它的身影。另外，熊本熊背后有着清晰的宣传思维，通过在热闹商业区制造"出道"来提高熊本熊的出镜率。有关熊本熊的营销活动都能让人们感受到熊本熊是活生生存在的，拉近了与人们的距离（图 6 - 22）。

图 6 - 22　熊本熊骑单车及售卖农产品

（3）熊本熊的萌系生态圈。以熊本熊为核心的熊本县城市品牌IP 有着一个清晰的定位——一个萌系的生态圈。熊本县打造的萌系生态圈，一方面找准最核心、最基础、最有潜力的特色产业，突出自己的萌系产业核心；一方面将文化、农业产业、旅游和社区"四大功能"叠加，进行模式的创新，从而不断孵化出新产业和新生态，力争探索出可复制、可推广的全新路径，打造一个健康良性循环的生态圈环境。

3. 中国 IP 典范——故宫淘宝　2016 年 6 月《联商资讯》报道，"淘宝原创十大 IP"通过网友的投票评选，故宫淘宝位居榜首。

故宫淘宝的各种产品设计一反严肃、高高在上的风格，而是非常幽默脱俗接地气。例如，《离文明近一些，离文物远一些》《雍正——含蓄内敛的文艺男》《东晋时期瓷器开始减肥》等文章通过幽默诙谐的语言，讲述了参观者应该遵守准则；结合时代审美介绍了帝王个性、不同时代瓷器的风格和特点。又如周边产品团龙团凤手机套、皇后赐福钥匙扣、故宫口红、尚方宝剑中性笔、奉旨出行车贴等。不难发现所有类似风格的产品都与故宫博物院的庄严肃穆大不相同，更幽默的是帝王画像也不同于往常，各种坐姿和正襟危坐形成鲜明对比。有人说，故宫淘宝虽然语气调侃幽默，但是目的不是取悦于人，而是要以互联网的语言习惯来阐述帝王将相的故事，并在场景应用上，给他们赋予可担当的角色，从而塑造品牌、实现变现。

故宫淘宝自身 IP 完成后，还开启了故宫 IP 跨界玩法的序幕，卡地亚、kindle、QQ 音乐、抖音、小米、百雀羚等一众大牌，争先恐后地向故宫抛出合作的橄榄枝。众多的品牌联合，覆盖了几乎全年龄段受众，尤其受年轻群体喜爱，成功地向所有人展现了一个历史悠久但又活力迸发的新故宫 IP（图 6 - 23）。

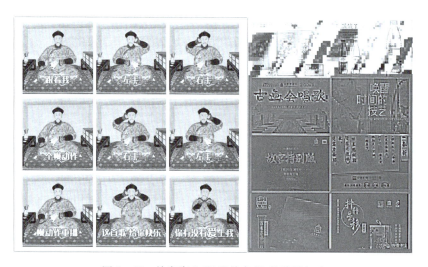

图 6 - 23　故宫淘宝 IP 及故宫 IP 的跨界打造

三、乡村产品品牌 UGC 与品牌互动管理

（一）人人都是内容生产者

互联网的发展，不仅带来了信息的极速增长，也带来了用户自我意识的觉醒。如今用户对互联网的需求不仅是简单的获取信息，而是渴望从旁观者转化到参与者，他们发声的意愿也越来越强烈。多样的社会化营销工具，满足了用户的这一愿望，UGC 时代全面来临。

1. UGC 概念与类型　UGC（User Generated Content）即用户生产内容，指用户可以通过互联网工具将自己创作的内容展示或提供给其他用户（表 6 - 2）。在 UGC 模式下，每个用户既是内容的传播者，也是生产者。

表 6－2　UGC 营销类型

UGC 类型	平台列举	说明
知识分享网络	百度百科、知乎	以普及知识和帮助用户解决疑难问题为主
照片分享网络	图钉	主要以照片的上传、分享为主
视频分享网络	抖音、西瓜、快手	以视频上传和分享为主
日志分享网络	小红书	以社区内好物推荐、体验分享为主
好友社交网络	微信	以熟人间的即时通信、社交分享为主
社区、论坛	百度贴吧、豆瓣	用户大多因共同话题聚集在一起讨论或者分享信息
微博	新浪微博	信息可实现实时更新、每个用户都可成为第一现场发布者

2. UGC 对于乡村产品品牌建设的重要性

（1）吸引主动参与，提高传播效果。UGC 模式下的品牌推广传播，用户主动参与程度高，互动空间更大。通常用户自主产出内容后，很容易就会进行自发性的二次散播，引来爆炸式的关注与追随。

微博知名博主李子柒，被誉为"东方美食生活家"，其视频内容题材主要来源于乡村田园生活，在她的作品中频繁出现辣椒酱、人参蜜、鸭蛋等乡村产品。李子柒凭借"真实古朴，仙气飘飘"的视频风格与恬静淡然的生活态度，吸引了大批粉丝关注，每一次内容更新几乎都有数万评论与转发，并成功引流至其电商店铺实现流量变现。

（2）增加优质多元化内容，构建品牌资产。未来的互联网以 80后、90 后、00 后为主要受众，这群伴随着网络成长起来的人，更习惯表现自我，更具有创新精神。加之平台渠道与创作模式的多元化，互联网将会有更多的优质 UGC 产生。品牌营销激发了 UGC 的产出，用户的精彩创意灵感反作用于整个营销链，带来更丰富的品牌内涵与附加值。

（二）UGC 时代品牌互动管理

1. 互动成为 UGC 模式营销的核心

互动是连接消费者与品牌的纽带和桥梁。在 UGC 模式下，品牌发布相关内容后，消费者可充分发表评论和建议，不仅可以催生更多优质的 UGC，而且可以使企业和消费者之间建立起情感纽带，培养消费者对于品牌的忠诚度。

2. UGC 时代品牌与用户有效互动维度

（1）产品互动。产品互动是互动的核心落脚点，包括产品咨询、体验、讲解、售后等。

（2）传播互动。品牌的一个广告、一次社会化媒体上的发帖和回帖，都在与用户互动。如果感觉良好，很可能会进入下一次互动。

（3）人与人的互动。人与人的互动包括一线导购、销售人员、客服人员与用户的互动，以及用户与朋友的分享互动。

（4）人与品牌的互动。人与品牌互动的最高层次是顾客把品牌作为一个可以沟通的对象，品牌的价值观、优势、个性等都带给顾客人性化的体验。作为品牌方，要积极设计顾客互动的方式，如建立投诉机制、活动参与机制、会员互动机制等。

四、品牌传播销售一体化模式

互联网时代，信息传播与品牌购买基本实现了同一入口，在传播的同时建立了销售路径一体化，消费者通过搜索或者广告看到品牌便可一键下单。传播媒体和销售渠道相融合，消费见到即买到；线上商城、短视频、直播等，既是小型媒体，又是销货渠道；"品牌传播＝品牌销售""品牌销售＝品牌传播"，二者是即时、同步的。

（一）打通"五流"的交互体系

"五流"指人们在购买过程中分别涉及的信息流、商流、资金流、物流及体验流。互联网打破了线上、线下的界限，实现了信息流、商流、资金流、物流、体验流的深度融合，实现了"五流合一"（图 6 - 24）。

（二）品牌传播＋销售的一体化

互联网时代的全渠道传播与销售，使得每次传播都蕴含着销售的机

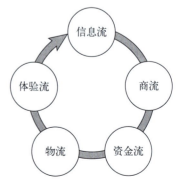

图 6 - 24　互联网下的五流合一模式

遇。打造"传播＋销售"一体化，可以取得名利双收的效果。这种一体化依托互联网，带来了消费媒介、地点、时间、方式的解放。

我国幅员辽阔、地大物博，但由于缺乏有效的传播、销售渠道欠缺等因素，有很多优质且极具特色的乡村产品"养在深闺人未识"，农民增产不增收、好产品没有好出路，造成了很大的资源浪费。而基于互联网时代的一体化"品牌传播＋销售"模式，给优质乡村产品提供了"发扬光大"、卖向全国的机会。

近几年兴起的"直播卖货"模式，就很好地做到了品牌传播与销售的统一。作为直播卖货模式的发起者，淘宝直播 2018 年的战绩可谓卓著，除了在成交量方面达到千亿规模，更产生了带动就业、扶贫攻坚等良好的社会效应（图 6 - 25）。

图 6 - 25　海南新农人朋友直播卖水果

第四节　能出海：乡村产品品牌国际化战略

以品牌农业参与国际竞争，既可以获得产品溢价，又能有效输出附着在乡村产品上的中国文化。唯有创建强势的中国农业品牌集群，才能使中国农业顺利进入国际品牌竞争的话语体系，有效应对全球竞争趋势。在此，列举品牌国际化打造需要注重的几个方面。

一、品牌战略国际化

要想把品牌做大，做成世界知名品牌，乡村产品品牌运营者一定要将战略眼光投向全球，立足于国际市场发展品牌。要"思考国际化，行动本土化"（图6-26），具体国际化品牌战略见图6-27。

图6-26　2018中国自主品牌博览会开幕现场

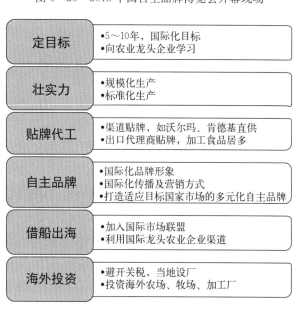

定目标	•5～10年，国际化目标 •向农业龙头企业学习
壮实力	•规模化生产 •标准化生产
贴牌代工	•渠道贴牌，如沃尔玛、肯德基直供 •出口代理商贴牌，加工食品居多
自主品牌	•国际化品牌形象 •国际化传播及营销方式 •打造适应目标国家市场的多元化自主品牌
借船出海	•加入国际市场联盟 •利用国际龙头农业企业渠道
海外投资	•避开关税，当地设厂 •投资海外农场、牧场、加工厂

图6-27　国际化品牌战略

二、产品标准国际化

乡村产品品牌要走向国际，首先要实现产品标准对接，即通过获得中国绿色食品、有机食品、农产品地理标志"两品一标"认证（图6-28），以及通过国际标准认证，从而取得国际化竞争的准入门槛并为产品背书。相关主要认证标准如下。

绿色食品标志　　　　　农产品地理标志　　　　中国有机产品标志

图 6-28　"两品一标"标志

（一）中国"两品一标"认证

1. 绿色食品　　绿色食品是指产自优良生态环境、按照绿色食品标准生产、实行全程质量控制并获得绿色食品标志使用权的安全、优质食用乡村产品及相关产品。绿色食品认证依据的是农业农村部绿色食品行业标准。绿色食品在生产过程中允许使用农药和化肥，但对用量和残留量的规定通常比无公害标准要严格。

2. 有机农产品　　有机农产品是指根据有机农业原则和有机农产品生产方式及标准生产、加工出来的，并通过有机食品认证机构认证的农产品。有机农业的原则是，在农业能量的封闭循环状态下生产，全部过程都利用农业资源，而不是利用农业以外的能源（化肥、农药、生长调节剂和添加剂等）影响和改变农业的能量循环。有机农业生产方式是利用动物、植物、微生物和土壤四种生产因素的有效循环，不打破生物循环链的生产方式。目前我国有机农产品主要包括粮食、蔬菜、水果、奶制品、畜禽产品、水产品及调料等。

3. 农产品地理标志　　农产品地理标志是指标示农产品来源于特定地域，产品品质和相关特征主要取决于自然生态环境和历史人文因素，并以地域名称冠名的特有乡村产品标志。根据《农产品地理标志管理办法》规定，农业农村部负责全国农产品地理标志的登记工作，农业农村部中国绿色食品发展中心负责农产品地理标志登记的审查和专家评审工作，省级人民政府农业行政主管部门负责本行政区域内农产品地理标志登记申请的受理和初审工作，农业农村部设立的乡村产品地理标志登记专家评审委员会负责专家评审。

（二）国际标准认证

1. 欧盟认可的有机产品　欧盟认可的有机产品是指来自有机农业生产体系，根据欧盟有机农业生产要求和相应的标准生产加工，并通过独立的有机产品认证机构认证的农副产品，主要包括粮食、蔬菜、水果、奶制品、禽畜产品及食品工业加工品。通过了欧盟质量检测认证机构认证的产品，就相当于获得了欧盟市场的通行证，可以畅通无阻地进入欧盟有机食品市场，成为"安全"的有力象征（图6-29）。

图6-29　欧盟有机标识产品包装使用规范

2. 美国农业部有机产品认证　美国农业部（United States Department of Agriculture，简称 USDA）有机产品认证是全美国最高级别的有机认证，从原材料到生产均严格把关，保证其产品没有任何危害人体的成分，100%有益（图6-30）。

美国超市的有机食物与非有机食物的价格对比，有机玉米2美元一个，普通玉米20美分一个；有机袋装两只整鸡20美元以上，普通袋装的两只整鸡10美元左右；有机鸡蛋一盒4.39美元，普通鸡蛋一盒2.39美元……

图 6-30 美国农业部有机产品认证标识

三、品牌传播国际化

如果说销售渠道的对接是品牌建设拉力的话，国际化的传播推广则是品牌建设的重要推进器。其主要路径包括线上通过国外社交媒体如推特（Twitter）、脸书（Facebook）以及官方新闻媒体华尔街日报（The Wall Street Journal）、金融时报（FT）等进行传播报道，线下通过国外重点广告渠道投放以及参与国内国际重大展会、论坛等形式（图 6-31）。

图6-31 中国企业在美国时代广场纳斯达克大楼屏幕投放广告

四、销售渠道国际化

国际化品牌落地需要国际化的销售渠道对接，线上可依托阿里巴巴、中国网库等 B2B 平台以及亚马逊、易趣（Ebay）等 B2C 电商平台，线下则可通过外贸公司对接，并参与重要的展会进行招商推介。同时，国外各展会自身已经开启品牌化，需要更多的品牌商家入驻参展。相关展会示例如下。

德国汉诺威国际农业机械展览会（Agritechnica），每两年举办一次，是全世界最大的国际农业机械展会，每届都会吸引来自全球各国的展商与观众。作为全球领先、国际一流的农业机械与设备展会，德国汉诺威国际农业机械展览会为来自全球的供应商、经销代理商、用户及行业专家提供了业务洽谈、项目投资、技术合作、学术讨论的理想平台。

美国旧金山冬季优质食品及糖果展览会（Winter Fancy Food Show），由美国国家特色食品贸易协会（NASFT，National Association for the Specialty Food Trade，Inc.）主办。该展会每年冬、夏季各举行一次，冬季展在西海岸的旧金山举行，夏季展则在东海岸的纽约举行。这些展会被认为是进入专业食品贸易领域的首选场所。每届展会都能吸引来自专业食品、酒业、百货公司、超市、餐馆、邮购及其他相关行业的 19 000～32 000 人士出席参加，其中 87％是企业的决策者或能影响企业购买决定的人士；在展会上，参观商可以看到来自全球各个地区的参展商展出的多达 50 000 种的专业食品（图 6-32）。

图 6-32　美国旧金山冬季优质食品及糖果展览会开幕式及 LOGO

中国进出口商品交易会（The China Import and Export Fair）即广州交易会，简称广交会，英文名为 Canton Fair，是中国目前历史最长、层次最高、规模最大、商品种类最全、到会采购商最多，且分布国别地区最广、成交效果最好的综合性国际贸易盛会，被誉为"中国第一展"（图 6 - 33）。自 2007 年 4 月第 101 届起，广交会由中国出口商品交易会更名为中国进出口商品交易会，由单一出口平台变为进出口双向交易平台。我国许多农产品品牌也借助广交会走向全球。

图 6 - 33　广交会上国外客商洽谈农产品、花卉采购事宜

2018 年香港首届一带一路国际食品展，于 6 月 27 日在香港亚洲国际博览馆开幕。为期 3 天的国际食品展，以"引领全球食品行业新机遇"为主题，设食品贸易区、投融资区、零食品牌区、清真食品区和专业服务区五大主题展区，汇聚全球逾 30 多个国家的企业和领事馆设立展区，并安排商贸专员与企业直接对话，共创"一带一路"商机。超过 1 000 名来自全球的精英人士，包括政府高级官员、企业家、大使、总领事、国际投资者、专业人士等，聚焦"一带一路"农食品产业及贸易高峰论坛（图 6 - 34）。

图 6 - 34　2018 香港首届一带一路国际食品展暨贸易高峰论坛

第七章
地方政府乡村产品
品牌战略实施

地方政府在推动乡村产品品牌战略具体实施时，首先需要因地制宜地制定本地化的品牌发展路线图，并据此搭建一个领导班子，进行组织架构的重新设计；其次，要对品牌战略中的重点事项一一落实，责任到人；最后，要依据战略目标，选择适当方法，重点从本地区域公用品牌建设入手，系统管理，从而统领全域农业品牌的发展。

第一节　定战略：乡村产品品牌战略实施路线图

一、乡村产业发展关系全景图

国务院《关于促进乡村产业振兴的指导意见》提出，地方政府需要从顶层进行详细周密规划，发展多类型融合业态，跨界配置农业和现代产业要素，促进产业深度交叉融合，形成"农业＋多业态发展态势"。这就需要地方政府进行多种类型的乡村产品体系布局，具体见图7-1。

依据国务院《关于推进农村一二三产业融合发展的指导意见》，将农村产业融合发展与新型城镇化建设有机结合，加快农业结构调整，延伸农业产业链，拓展农业多种功能，发展农业新型业态，引导产业集聚发展等，是三产融合的主要方式。其发展关系见图7-2。

第一产业是第二产业、第三产业的基础，第一产业的标准化、规模化、品质化、品牌化过程，本身就是对第二产业第三产业的促进；

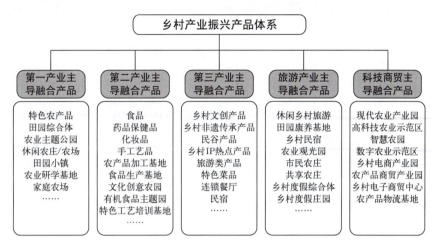

图7-1 乡村产业振兴产品体系

第二产业和第三产业是提升第一产业附加值、延长其销售空间的重要手段，通过引入第二产业和第三产业，本身可以倒逼当地第一产业的发展。例如，某区域本地有不少食品生产企业，却未能采用本地的原料生产，促使当地政府努力提高本地特色优势农产品的规模化和标准化，成为本地食品生产企业的优质供应商，形成本地经济的良性发展。产业融

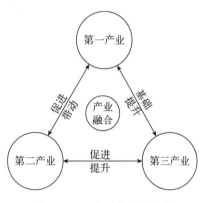

图7-2 三产融合关系示意

合需要新的技术、新的业态、新的品牌模式和商业模式的引入。尤其在各地的品牌战略上，需要构建适用于三产的农产品区域公用品牌和综合性农业区域公用品牌，通过区域公用品牌的发展，赋能各产业的企业品牌。

二、乡村产品品牌战略实施路线图

地方政府实施乡村产品品牌战略，需要从顶层设计入手，构建起

一整套组织架构，有步骤地推进重点事项，落实关键环节（图7-3）。具体如下：

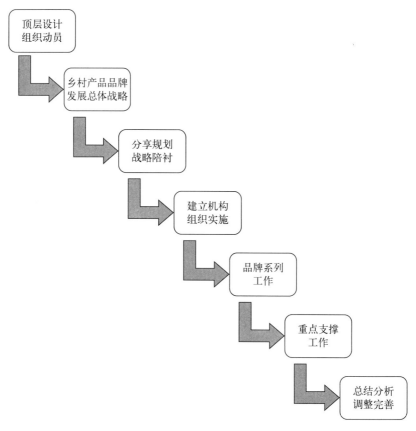

图7-3　乡村产品品牌战略实施基本路线图

　　第一步，地方政府主要领导组织召开乡村产业振兴暨乡村产品品牌战略实施动员会议，参会部门为当地农业农村、文旅、市场监督、财政等相关部门，涉农协会、企业及第三方服务公司等。

　　第二步，第三方服务公司制定乡村产品品牌发展总体战略，可包含本地区域公用品牌发展战略规划、重点产品品牌发展战略规划、重点企业品牌发展战略规划等。

　　第三步，第三方服务公司在制定本地乡村产品品牌发展总体战略的基础上，制定本地乡村产业振兴规划、农旅融合/特色小镇建设规划等。

第四步，推进项目落实，建立相关服务机构及配套组织架构，并给予支持和督促，如地方产业发展协会、农业区域公用品牌运营公司等。

第五步，开展品牌策划、品牌传播、品牌管理、品牌运营等系列工作，着力推进重点项目申报、品牌发布会、产销对接会、重大节庆活动、项目招商会等重点工作。

第六步，推进乡村产品标准化、质量安全追溯、产业升级、产品线丰富等具体工作，形成乡村品牌战略的重要支撑。

第七步，进行阶段性及年度总结分析，及时调整具体实施措施，确保完成品牌战略的相关目标。

第二节　搭班子：推动地方产业升级的组织架构

一、乡村产业发展的跨部门联动机制

乡村产业发展涉及多个部门组织协调，需要当地政府统一领导支持，确定促进乡村产业发展的跨部门联动机制并作为乡村产品品牌的跨部门联动机制（图7-4）。

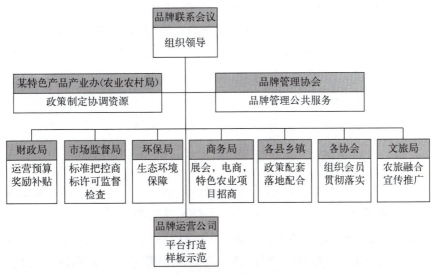

图7-4　乡村产业发展跨部门联动组织架构图

地方政府分管农业的领导牵头组织各部门及相关单位的联席会议，建议每年召开两次以上乡村产业振兴品牌战略联席会议。通过联席会议，对乡村产业发展的重大事项进行决策，对乡村产品品牌战略给予战略配称支持，协调各部门分工落实。

同时，由本地农业农村局牵头，针对乡村重点产业，建立该类特色产品的产业办公室（有些地方的产业办公室独立出来，成为市政府直属部门，农业农村局则起配合作用），由该产业办公室进行乡村产品品牌的政策制定，编制产业规划及预算，协调相关资源，指导并支持品牌管理协会工作。

为促进地方乡村产业发展，建议针对该产业成立品牌管理协会或产业发展协会，由该协会统筹进行该产业产品品牌的管理、推广等工作。如涉及具体的农产品区域公用品牌运营工作，该协会可委托本地企业或第三方企业执行，也可通过成立单独品牌运营公司的方式实现。该品牌运营公司主要承担搭建平台、促进产业发展、打造代表品牌进行示范推广等工作。

此外，各相关部门依据各自职权范围，对整体品牌战略进行配称支持，包括财政局进行预算审核、奖励补贴、资金支持；市场监督局配合地方标准申报、产品质量监督、商标申报许可等；环保局保障农产品的良好生态环境；商务局负责组织相关展会参展，对接电商渠道，进行特色农业项目招商等；本地各县乡镇政府负责对乡村产品品牌建设进行相关的政策配套和组织配合，各协会负责组织会员，对乡村产品品牌战略贯彻落实；文旅局进行农旅结合、三产融合项目的整合推广。

二、地方农业品牌运营公司的一般组织架构

随着各地农业区域公用品牌建设的发展，一些地方为有力推动本地乡村产品的品牌化，单独成立了品牌运营管理公司。这类公司一般是国企或混合所有制性质，主要承担搭建品牌孵化平台、进行资源整合、打造样板示范品牌、履行协会部分职能等工作。根据这一需求，该类企业不仅应包括业务核心部门：战略规划部、品牌运营中心，还

应包括本地产业支持部门：技术服务中心、供应链中心、品牌孵化中心及配套部门行政中心（图7-5）。

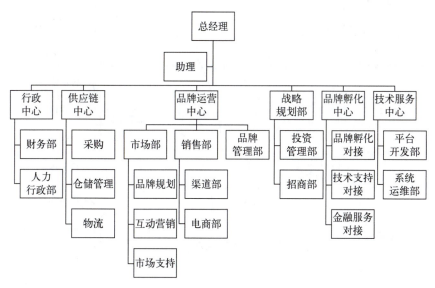

图7-5　区域公用品牌运营公司组织架构

为有效推动本地区域公用品牌发展并打造示范样板，其中最重要的部门为品牌运营中心。该中心下设市场部、销售部和品牌管理部，在建立初期可以通过第三方委托代运营，之后迅速建立起一支专业化、市场化、能整合重要资源的运营团队，成为本地乡村产品品牌战略实施的中坚力量。

第三节　盯重点：乡村产品品牌战略相关重点事项

一、乡村产品品牌战略的重点事项

践行乡村产品品牌战略，需要落实以下重点事项（图7-6）。

1. 品牌价值共同体　通过对本地区各单位的培训，引导全区域树立乡村产业振兴及区域公用品牌发展意识，建立以打造"***区域公用品牌"为共识的品牌价值共同体。

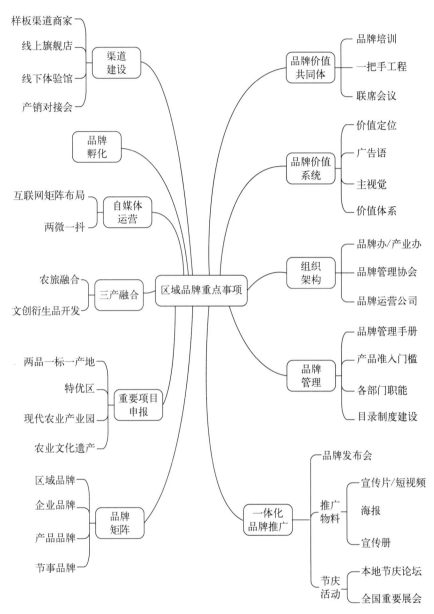

图 7-6　乡村产品品牌战略需落实的重点事项

　　2. 品牌价值系统　确立一个区域公用品牌名称和符号，打造一个本地特色农产品"地域名片"。创意一套本地区域公用品牌标识系统。提炼一个本地农业区域公用品牌的价值定位和宣传语，按照其品牌价值定位，制定本土品牌竞争策略并贯彻落实。根据价值定位，梳理出一套本地农业品牌价值体系，以利于擦亮本地"金字招牌"，使乡村产业立于不败之地。

3. 组织架构　搭建一套本地区域公用品牌管理与运营的组织架构，包括品牌管理办公室、品牌管理协会、品牌运营公司等。

4. 品牌管理　建立一套品牌管理办法，明确将本地区域公用品牌作为本地农产品管理抓手，并持之以恒地培育和强化其产业资源整合力、市场号召力和企业凝聚力。印制品牌管理手册给各市场参与主体，要求并监督其执行。参照国家农业品牌目录标准，编制《本地乡村产品知名品牌目录》《本地乡村产品指定销售渠道备案目录》。

5. 一体化品牌推广　策划一系列一体化品牌推广系统，包括品牌发布会、有仪式感的节庆活动等。联合一家国家级权威媒体作为运营传播战略合作伙伴，搭建一个长期稳定的品牌推广和舆情监控的融媒体生态系统，并投放一系列曝光率高、传播力强、效果持久的广告（线上矩阵、直播、高速路牌、旅游区户外广告牌等）。联合国家知名互联网平台举办一系列有仪式感、有文化性、有参与度、有传播力的特色乡村产品推广活动，如"农民丰收节""乡村产业发展论坛""产业扶贫，产销对接会"等。该类活动需要既有品牌曝光，又有促进乡村产业发展的实效，可通过第三方机构，对接全国重要流通渠道资源、科研技术资源、产业服务资源等，为本地产业发展做出实质性贡献，并使之成为本地品牌建设的助推器和明信片。每年组织本地企业参与全国性行业展会如"农交会""中国农业（博鳌）论坛""中国农产品加工业投资贸易洽谈会""一带一路食品产业国际峰会"等，以此为契机，借助全国平台叫响本地品牌，提升品牌知名度，提升品牌价值感。

6. 渠道建设　建立本地农业区域公用品牌样板旗舰店。以本地区域公用品牌名义入驻知名互联网销售平台，开设本地京东特产馆、扶贫馆、天猫旗舰店，参与拼多多扶贫项目等，可通过第三方托管形式进行电商代运营。在参与各类大型推广活动的同时，邀请渠道商参与，进行产销对接。

7. 品牌孵化　联合知名品牌营销咨询公司、互联网公司等，打造一个落地实效的本地品牌孵化器，搭建一个学习、互动的培训平台。

8. 自媒体运营　开通本地区域公用品牌的官方微博、微信公众号、抖音号，规范运营并加强管理本地产业协会官方网站，积极加大互联网新媒体运营和宣传投入力度。拍摄一部反映本地乡村产品品牌最新风貌的宣传片、短视频或微电影，并建议在主流媒体进行投放，在抖音、火山等短视频传播平台传播。

9. 三产融合　进行农旅融合、三产融合产品开发，联合全国知名互联网平台、本地文旅局和各地旅游公司，共同开发自驾游、高铁游等旅游线路，三产融合，联合推广。通过 IP 挖掘，培育开发农文旅融合文创衍生品。

10. 重要项目申报　推动进行"三品一标一产地"的产品申报，特色农产品优势区、国家现代农业产业园等项目的申报。

11. 品牌矩阵　规划一套有"价值力"的乡村产品品牌矩阵及产业系统，形成"农业区域公用品牌＋企业品牌＋产品品牌＋节事品牌"的品牌矩阵。制定乡村产品品牌创建奖励制度，鼓励合作社及企业大力开展自主品牌创建及"三品一标一产地"申报，并奖励一批形象好、信誉优、影响广、潜力大的品牌产品的线上线下销售渠道，并授予"某市知名品牌"和"某市品牌指定销售点"。

二、乡村产品品牌战略实施需注意的问题

践行乡村产品品牌战略，需要注意以下问题。

第一，乡村产品品牌战略是地方政府的"一把手"战略，应当上升到"市长工程"的项目高度，才能有效推动。有些地方把品牌战略交给具体某个局某个办公室后市领导不再过问，结果只能是草草了事。

第二，乡村产品品牌战略是乡村产业振兴的重要抓手，应以此为核心，制定整体的乡村产业振兴规划。因而，在品牌战略的具体落实

中，需要各个部门的配合协调。

第三，我国农业区域公用品牌开始发展后，很多地方出现"一哄而上""只做表面文章，不重产业落实"的现象。具体表现为找一个不专业的广告公司，设计一个标志、张贴一张海报、拍摄一部宣传片、召开一场发布会，几件事做完就算打造农业区域公用品牌了。这类现象对本地产业几乎没有贡献，更不会得到本地企业、合作社的拥护支持，也不会得到市场和上级部门的认可。

第四，乡村产品品牌战略实施是一个专业的、长期的系统性工程，需要专家团队指导，需要地方政府常抓不懈，需要各部门、各协会、各企业积极贯彻落实。

第五，在制定乡村产品品牌战略过程中，一定要充分倾听企业、市场、专家的意见，不能按照行政级别，由政府领导拍脑瓜决策，最后往往脱离了市场需求，耽误本地乡村产业的发展。

第四节　抓落实：乡村产品品牌战略实施的基本方法与指标

一、乡村产品品牌战略实施方法

实施乡村产品品牌战略，可以分为品牌策划、品牌管理、品牌传播、品牌运营四个阶段。四个阶段不是截然分开的，有些工作可以同步启动，比如协会筹建、运营公司筹建、阶段性传播等可以同步启动。同时，在每个阶段由专业的第三方公司参与（如农业领域的品牌营销策划公司、电商及新媒体代运营公司、活动执行公司等）。每个阶段的具体战略方法如下。

（一）品牌策划阶段

第一，需要进行详尽的市场调研、产业调研和自身优劣势分析。通过系统全面的调研，洞悉消费者及渠道需求，发现产业增长机会，发掘自身优势条件，从而得出恰当的品牌竞争策略。

第二，依据以上调研结果，进行详尽分析，归纳总结提炼出本地产品品牌的产品价值、产地价值、产业价值和文化价值。然后，依据品牌双定位理论方法，确定本地产品品牌的品类定位和价值定位。

第三，依据品牌价值表现体系方法，构建品牌形象钻，包括品牌标识、品牌概念点、品牌利益点、品牌主视觉、品牌广告语、品牌支持点等。

第四，进行内部测试与审核，对品牌策划成果进行内部研讨、专家鉴定、场景推演、灰度测试等工作，最终确定品牌策划成果。

（二）品牌管理阶段

第一，建立乡村产品品牌战略实施的组织架构，包括联席会议、产业办公室、品牌运营协会、品牌管理公司、第三方外包公司等，统筹相关部门及企业形成对乡村产品品牌战略的整体认知，尤其要形成以本地区域公用品牌为核心的品牌价值共同体。

第二，依据品牌策划成果，展开商标注册、著作权注册等知识产权保护工作。

第三，制定品牌管理办法，开展产品品牌授权、品牌审核、产业链品牌合作与认定等工作。

第四，将品牌管理与产品质量管理相结合，通过质量追溯系统、产品标准化体系建设，促进品牌管理体系建设。

第五，打击假冒伪劣产品，规范引导中小企业、合作社尽快实现产品标准化、品牌化，尽快达到本地区域公用品牌的认定标准。

第六，积极争取国家"三品一标一产地"等对本地产品的认证，为乡村产品品牌提供可靠的信用背书。

（三）品牌传播阶段

第一，依据整体品牌策划的成果，展开乡村产品品牌高价值系统传播。

第二，结合当时的传播热点和本产品品牌的特点，参与国内外重大展会活动，开展本地节庆活动，进行话题打造、公关事件等传播活动，借势传播。

第三，进行本地产品品牌的传播矩阵打造，占据该品类产品品牌的线上线下传播制高点和多个传播接触点，尤其是网络传播接触点。

第四，进行传播互动管理，引导 UGC，提升品牌美誉度。

（四）品牌运营阶段

第一，需要建立整套乡村产品品牌运营的组织架构，确定是由协会运营、建立品牌管理公司运营还是委托第三方运营。

第二，运营方需要建立品牌运营的基本素材库，包括品牌策划全部成果，以及围绕品牌策划成果的话题库、图片库、视频库、产品知识库、市场营销、新媒体及运营管理知识库等。

第三，由运营方执行品牌管理及品牌传播阶段工作。

第四，建立本地产品品牌示范的线下旗舰店、电商旗舰店、合作多种新营销渠道，通过产销对接、加盟连锁、产品线上电商等方式，为本地各企业产品推荐合适的销售渠道。

第五，运营方可打造自己的爆款产品品牌作为样板示范，投入本地资源打造现象级产品，给本地其他企业更多信心和实用方法指导。

第六，联合第三方专业公司，进行品牌孵化培育等工作。

二、乡村产品品牌战略的参考指标

（一）品牌基础管理

1. 产业基础

（1）品牌农业产业规模。

① 是否具备一定的生产规模。

② 是否具备一定的年产量。

③ 是否具备一定的年产值。

④ 农业生产过程规模化程度、数量、占比。

⑤ 国家级/省级农业产业化龙头企业、合作社数量。

（2）品牌农产品加工率。

① 初级农产品占比。

② 农产品初加工率。

③ 农产品精深加工率。

④ 生产过程、加工工艺是否具有特色或专利。

（3）品牌农产品产地荣誉。

① 是否入选中国特色农产品优势区。

② 是否入选国家现代农业示范区。

③ 是否入选粮食生产功能区。

④ 是否入选重要农产品生产保护区。

⑤ 是否入选农业可持续发展试验示范区。

⑥ 是否入选国家现代农业产业园。

⑦ 是否入选省级农业示范园区。

（4）农产品认证。

① 是否具备农产品地理标志认证。

② 是否具备地理标志证明商标。

③ 是否具备绿色食品认证。

④ 是否具备有机农产品认证。

⑤ 是否具备其他农产品行业认证。

2. 品牌建设

（1）品牌建设目标规划。

① 是否制定农业品牌发展规划。

② 农业品牌发展规划是否经过专家论证。

③ 农业品牌规划是否纳入地方国民经济和社会发展规划。

（2）政府部门财政支持。

① 品牌建设是否获得政府的扶持政策。

② 地方财政对农业品牌发展是否列出专项资金支持。

③ 是否具有促进金融机构支持农业品牌发展的政策。

（3）品牌形象系统打造。

① 是否设计并注册农业品牌标识、形象和宣传用语。

② 是否进行农业品牌形象系统建设。

③ 是否在产品包装上已规范使用整体形象标识。

（4）品牌培训。

① 是否建立农业品牌培训机制。

② 是否开展品牌创建、培育及保护等培训。

③ 品牌培训工作是否覆盖区域内农业企业、合作社。

3. 管理系统

（1）顶层组织领导。

① 是否建立由农业部门牵头、有关部门参加的联席会议机制。

② 是否定期召开联席会议。

③ 是否设立专门的农业品牌管理机构。

（2）品牌运营主体。

① 品牌运营团队是否达到专业水平。

② 品牌运营模式是否完善成熟。

③ 品牌运营主体是否具备号召力。

（3）品牌管理制度体系。

① 是否建立品牌管理制度与规范。

② 是否已制定并落实商标使用管理办法。

③ 是否建立品牌授权管控制度体系。

④ 是否建立品牌运营和监管制度体系。

（4）品牌危机管理。

① 是否建立品牌危机管理体系。

② 是否建立危机公关处理预案。

③ 品牌危机公关是否成功有效。

（二）产品质量管理

1. 标准化生产

① 是否实行统一的标准化生产。

② 是否纳入省级以上（含）农业标准化示范区。

③ 是否参与制定国家级/省级农业标准。

2. 绿色生产

① 是否通过 ISO14001 认证。

② 是否推行绿色生产方式。

③ 是否建立绿色循环优质高效生产模式。

3. 质量安全

① 是否获得绿色食品、有机食品等质量认证。

② 是否建立投入品登记制度及进行投入品抽检。

③ 是否建立产品检测档案和通报制度。

④ 是否定期进行产地环境、产品质量安全抽检。

⑤ 是否具有国家级/省级验收检测中心、实验室。

4. 质量管理

① 是否建立农产品质量安全追溯体系。

② 是否纳入国家级/省级农产品质量安全追溯平台。

③ 是否通过 GAP、GMP、HACCP、GB/T 22000 等相关质量管理体系认证。

（三）品牌营销管理

1. 销售渠道

（1）品牌农产品市场覆盖率。

① 农产品出口占比。

② 国内市场覆盖范围。

③ 市场占有率。

（2）自有渠道建设。

① 是否制订渠道营销方案。

② 是否在大中城市建立专卖连锁销售渠道。

③ 是否建立线上网络销售平台。

（3）加盟进入渠道。

① 是否进驻大型商超渠道。

② 是否进驻大型批发市场渠道。

③ 是否进驻知名网络电商平台。

2. 宣传推广

（1）品牌宣传平台途径。

① 是否建立品牌传播媒体矩阵。

② 是否通过新闻媒体进行品牌宣传。

③ 是否通过网络自媒体进行品牌宣传。

④ 是否通过国家级大型展会、论坛进行品牌宣传。

⑤ 是否建立品牌博物馆、展览馆、体验馆。

（2）品牌传播广告投放。

① 是否制订广告投放计划。

② 是否制订广告投放预算。

③ 是否进行多种媒体广告投放。

（3）品牌推广活动。

① 是否召开品牌发布会、推介会。

② 是否每年组织企业参加各类大型展销活动。

③ 是否组织开展区域特色节庆活动。

（四）品牌保护管理

1. 商标注册

① 是否进行品牌名称和标识注册。

② 是否进行品牌形象注册。

③ 是否进行品牌宣传语注册。

④ 品牌注册类目范围是否完整。

2. 知识产权保护

① 是否进行品牌标识、形象组合的知识产权保护。

② 是否进行品牌宣传语知识产权保护。

3. 市场监管

① 是否建立品牌保护机制并主动实施。

② 是否建立品牌产品市场准入标准体系。

③ 是否开展打击品牌假冒伪劣专项措施。

（五）品牌服务管理

1. 服务体系

① 是否进行品牌服务平台建设。

② 是否建立全过程配套技术服务体系。

③ 是否建立物流运输储藏体系。

④ 是否建立品牌农产品追溯体系。

⑤ 是否制定行政执法奖惩办法。

2. 研发创新

（1）品牌创新机制建设。

① 是否建立产学研一体化机制。

② 是否与高校、科研院所等建立稳定的合作关系。

③ 是否制定创新研发资金预算。

④ 是否进行产品研发平台机构建设。

⑤ 是否拥有省级以上研发中心、技术中心。

（2）品牌创新技术转化。

① 是否参与各级标准制修订。

② 是否建立创新技术推广服务体系。

③ 是否研发与推广应用新品种、新技术。

④ 创新技术生产应用综合转化率。

（3）品牌创新成果。

① 是否获得发明专利技术。

② 是否获得科学技术进步奖、中国质量奖等国家级或省级奖项。

③ 是否获得高新技术企业、知识产权示范企业等荣誉。

④ 是否实现管理与服务信息化。

第五节　强管理：区域公用品牌管理运营

一、管理运营原则

（一）坚持公共性原则

坚持以公共服务为宗旨，避免个别单位或个人徇私舞弊、以权谋私、假公济私，必须保证农业区域公用品牌的公共属性，品牌共建，利益共享。

（二）坚持行政性原则

支持公共事业行政扶持原则，充分发挥政府及相关部门的行政优势和作用，强势推进和引领农业区域公用品牌良性发展、健康成长。在品牌规划、决策和造势推广的关键时期，更应该发挥重要的"大手"扶持作用。

（三）坚持灵活性原则

坚持市场化运营的灵活性原则，充分发挥市场在社会资源配置中的主导作用，发挥协会和企业贴近市场、嗅觉灵敏的先天优势，确保在农业区域公用品牌管理和推广中的反应速度和工作效率。

二、组织架构建设

（一）农业区域公用品牌"五位一体"组织管理模式

农业区域公用品牌打造是一个跨部门、跨行业、跨学科、跨领域的系统性工作，没有任何一个人能够在所有相关行业同时具有专业能力。所以，农业区域公用品牌打造一定是一个权威部门领导、专业机构运营、多部门联动、全区域协同推广的系统性工作（图 7-7）。

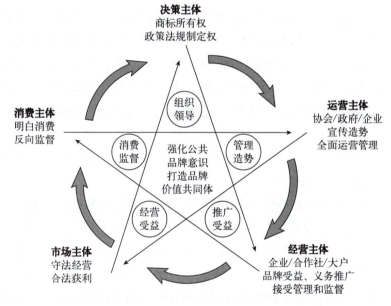

图 7-7　农业区域公用品牌"五位一体"组织管理模式

1. 决策主体：组织领导，以立"权"　决策主体拥有农业区域公用品牌的"商标所有权"或"决策权"，同时掌握区域农业相关的规划编写、政策起草和法规制定。

主要负责农业区域公用品牌的组织领导，是农业区域公用品牌运营的"心"。可以通过相对宏观的政策手段调控区域产业的发展方向和运行机制，为区域产业升级和农业区域公用品牌打造提供持续的

"源动力"。

决策主体作为农业区域公用品牌的决策者，有义务引导区域产业升级和品牌化升级，制定有力的规划、制度和扶持政策，协调相关资源帮助农业区域公用品牌实现成长。

2. 运营主体：运营造势，以立"势" 运营主体拥有农业区域公用品牌的"管理权"。

主要负责农业区域公用品牌的策划、运营、管理和推广造势，是农业区域公用品牌运营的"脑"。可以通过推动产品的标准化建设和农业区域公用品牌授权管理，实现区域市场规范和农业区域公用品牌保护。

运营主体作为农业区域公用品牌的管理者，有义务通过发挥农业区域公用品牌号召力和凝聚力，策划和组织各种有利于提升区域公用品牌意识和扩大农业区域公用品牌影响力的比赛、节庆、评选等推广宣传活动，造势并引导区域内的所有主体共同参与和推广宣传农业区域公用品牌，让农业区域公用品牌保持持续的活力和良好的发展势头。

3. 经营主体：推广受益，以立"名" 经营主体拥有农业区域公用品牌的"使用权"。

主要负责区域产品的销售和农业区域公用品牌的推广，是农业区域公用品牌的"脚"。经营主体是农业区域公用品牌走出去的载体，经营主体的品牌宣传到哪，农业区域公用品牌作为品牌背书就被带到哪；经营主体渠道开到哪，农业区域公用品牌就跟到哪。

经营主体作为农业区域公用品牌最核心的受益者，有义务不断提升产品品质，持续加强农业区域公用品牌宣传，始终维护农业区域公用品牌形象，处处以农业区域公用品牌"实际拥有者"的身份提升自信、提高自律，推广提升农业区域公用品牌的"知名度"。

4. 市场主体：经营受益，以立"誉" 市场主体是经营主体的延伸，主要从事区域产品的终端销售和服务，是农业区域公用品牌的"手"。

主要负责与消费者和客户直接互动对接，是农业区域公用品牌最前沿的活的"代言人"。市场终端陈列好，则农业区域公用品牌形象好；市场服务形象好，则农业区域公用品牌体验好；市场产品口碑好，则农业区域公用品牌口碑好；市场销售业绩好，则农业区域公用品牌业绩好。

市场主体作为农业区域公用品牌的销售者和"代言人"，有义务推广农业区域公用品牌形象，传播农业区域公用品牌理念，维护农业区域公用品牌信誉，帮助农业区域公用品牌提升美誉度。

5. 消费主体：消费监督，以立"忠"　消费主体是区域产品的最终消费者，也是"评价者"和"监督者"。

消费主体以真金白银来表达对区域产品和农业区域公用品牌的喜好和忠诚。

同时，消费主体可以发挥"反向监督"权，通过"举报""点赞"或"重复消费"来表达对农业区域公用品牌"满意度"或"忠诚度"，从而为农业区域公用品牌的成长提供最真实的意见和反馈。

6. 打造区域农业"品牌价值共同体"　农业区域公用品牌是五大主体存在的前提，也是五大主体各善其事、各有所成、各取所需的保障。一荣俱荣，一损俱损。所以，通过各种培训会、宣导会、交流会和经验分享会，以及深入市场、深入企业、深入农村、深入农户的农业区域公用品牌宣传引导工作，强化提升区域"公共品牌意识"，宣传、倡导和提升"品牌价值共同体"观念是统一区域思想，统一区域战线的必要工作。

（二）政府在农业区域公用品牌管理运营中的作用

农业区域公用品牌的"公共性"和"行政性"原则，加上我国政策体制的特殊性，决定了政府在农业区域公用品牌建设中无法取代的位置。农业区域公用品牌建设的责任和使命也要求政府必须在农业区域公用品牌的建设和管理运营中发挥重要的引导和扶持作用。

1. 制定农业区域公用品牌发展规划　地方政府要树立积极的农业区域公用品牌意识，立足产业实际、吃透产业政策、打开国际视野，积极学习国内外农业区域公用品牌建设的先进经验，结合当地农业产业或特色农产品的发展和市场竞争力现状，把农业区域公用品牌建设纳入区域农业产业发展战略之中，合理引导区域农业产业化升级和品牌化战略实施。这也是我国农业供给侧结构性改革、农业产业价值升级和农业品牌化战略的要求和必需的工作。

2. 完善农业科技化教育与推广体系建设　通过加快推进农业科技示范园区建设及相关工作推进，积极对接国内外农业科技机构，加快引进和尝试培育适合当地生态环境特征的优良品种；扶持地方科研机构提升科技转化水平，加强区域农产品良种培育及栽培技术的创新，确保区域特色农产品的优良品质；加大科学种养和生产管理技术培训，提升地方农民科技意识、生产管理水平，从根本上提升农业标准化和专业化生产水平，确保农产品品质。

3. 推动农业营销及服务体系建设　农产品营销及服务体系建设是实现区域农业规模化和专业化的基础保障，农产品流通体系是区域农业实现市场化和品牌化的基础保障。地方政府应充分调动行政资源和社会力量，加快推动农业金融与农产品流通服务体系建设速度，确保区域内企业和农民没有后顾之忧。

4. 扶持农业区域公用品牌建设、保护与公共推广　积极鼓励和支持区域农业产业化升级，加大对"三品一标"农产品、特色优势农产品、涉农龙头企业、优势产业协会及优秀农业服务主体的宣传和奖励，努力推广打造农业区域公用品牌、涉农企业品牌和特色农产品品牌和农业服务品牌矩阵。对农业区域公用品牌保护、宣传应提供财政支持和工作协调支持，扶持品牌建设。发挥政府资源整合优势和政策号召力优势，加强区域内农业产业各相关主体公共品牌意识的引导和培训，加大对区域内农业特色产业的特色节事活动、文化活动、民俗活动的支持和宣传。

5. 理顺机制体制，做好组织领导和监督服务　定位好政府角色，以农业区域公用品牌的"行政性"原则为指导，发挥政府组织领导作用，指导农业区域公用品牌的组织管理系统建设，监督和服务农业区域公用品牌的管理运营系统工作。

（三）协会在农业区域公用品牌管理运营中的作用

在我国，行业协会与政府相比显然更贴近市场，更了解企业需求和市场发展趋势，更容易觉察行业存在的问题、潜在危险和未来发展的前景，对行业内不同企业的产品优势、管理水平、技术储备和竞争力水平等情况也更加熟悉。同时，与企业和农户相比，行业协会常常又具有半官方色彩，具有一定的组织力和公信力。

行业协会是政府和企业之间的桥梁和纽带，比政府更了解市场，比企业更接近政府。

协会应该充分发挥自身的资源整合能力，加大对协会成员区域公共品牌意识的宣传教育；利用自身凝聚力和号召力，组织会员企业共同参与和支持农业区域公用品牌打造和推广；发挥自身贴近市场、体察民企的条件优势，积极参与和支持农业区域公用品牌相关政策、法规、制度和规划的制定、完善和落实。另外，还应该积极争取政府授权，参与或主导农业区域公用品牌的管理、运营、推广和监督工作，并帮助政府处理好政企关系。

（四）农业区域公用品牌管理运营各主体职能与联动机制

1. 农业区域公用品牌联席会议——战略决策权 农业区域公用品牌建设是一项跨部门的长期系统性工程，因此在管理运营过程中，就需要设立一个统筹协调各部门资源的战略决策机构——农业区域公用品牌联席会议。联席会议由农业主管部门负责召开主持，相关政府部门列席，主要负责农业区域公用品牌重大事项决策、提供战略配称支持、协商重大问题解决等工作。

2. 农业区域公用品牌主管部门——立法监督权 农业区域公用品牌主管部门作为农业区域公用品牌管理运营过程中最主要的权力机构，对资源整合、品牌发展有着至关重要的作用，主要负责品牌发展相关政策法规标准制定、农业产业规划预算编制、农业品牌监督抽查、指导并支持协会等工作。

3. 农业区域公用品牌管理协会——品牌管理权 农业区域公用品牌管理协会是农业区域公用品牌管理运营过程中最重要的实施机构，它上承政府部门，下接公司企业，是维护农业区域公用品牌的一道桥梁，主要负责持有管理农业区域公用品牌商标、品牌使用授权、制定产品准入机制、农业区域公用品牌日常监管、制定品牌奖惩机制等工作。

4. 农业区域公用品牌运营公司——运营服务权　农业区域公用品牌运营公司是农业区域公用品牌管理运营过程中最接近市场的一道闸门，它是提升品牌管理效率、创新品牌运营模式的重要平台，主要负责农业区域公用品牌的推广、农业区域公用品牌的使用培训、搭建品牌服务平台、打造品牌服务体系等工作。

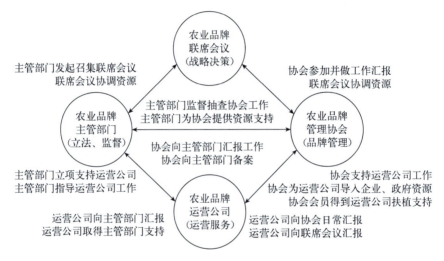

图 7 - 8　农业区域公用品牌管理运营各主体联动机制

三、基本运营模式

（一）农业区域公用品牌一体化协同运营

农业区域公用品牌"一核三品四度四感六体系"的"一体化"协同关系如下（图 7 - 9）。

1. 一核　农业区域公用品牌核心价值观。

以强化区域公共品牌意识、打造区域农业"品牌价值共同体"为农业区域公用品牌核心价值观。先统一思想，再统一战斗。

2. 三品　区域农业品牌矩阵。

凝聚农业区域公用品牌、企业品牌和区域特色农产品"三品"，共同组建区域农业品牌矩阵。发挥农业区域公用品牌的凝聚力和号召

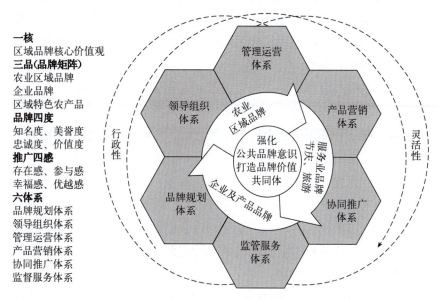

一核
区域品牌核心价值观
三品(品牌矩阵)
农业区域品牌
企业品牌
区域特色农产品
品牌四度
知名度、美誉度
忠诚度、价值度
推广四感
存在感、参与感
幸福感、优越感
六体系
品牌规划体系
领导组织体系
管理运营体系
产品营销体系
协同推广体系
监督服务体系

图 7-9　农业区域公用品牌"一体化"协同管理运营模型

力，利用资源整合优势、组织联动优势和品牌引领优势，将农业区域公用品牌宣传从单兵作战升级为集团军一体化协同作战。

3. 品牌"四度"和推广"四感" 农业区域公用品牌影响力提升。

整合现代融媒体传播策略，运用存在感、参与感、幸福感、优越感"四感"营销思维，全面提升农业区域公用品牌知名度、美誉度、忠诚度、价值度"四度"品牌影响力。

4. 运营管理"六体系" 一体化协同运营体系。

坚持和兼顾农业区域公用品牌的公共性、行政性和灵活性原则，统筹协调品牌规划体系、领导组织体系、管理运营体系、产品营销体系、协同推广体系和监督服务体系等六大体系统一思路，一体化协同推进，共同致力于强化区域公共品牌意识，打造区域农业品牌价值共同体，推动区域农业产业价值升级和农业区域公用品牌打造。

(二)农业区域公用品牌常见运营模式分析

管理运营模式的选择与设计是农业区域战略执行落地的关键环

节。不同社会背景造就不同的农业经济模式和农业体制，而不同农业经济模式和农业体制又催生出不同的农业区域公用品牌管理运营模式。不同的农业区域公用品牌运营模式有各自产生的背景，同样也有各自的优势和局限性。

所有的模式没有好坏之分，关键看是否适合当地现有农业现状。评价一个模式是否适合，主要是看模式管理运营过程中各相关主体关系和责、权、利能否得到合理定位和分配，并最大化地发挥各自的优势和作用。

根据运营模式的不同，运营主体也有多种不同的选择。主管领导应该充分考虑当地产业发展的实际情况，如市场成熟度、品牌集中度、农业区域公用品牌影响力基础，以及当地协会或龙头企业的实力和积极性，深入分析农业区域公用品牌运营和管理权的归属，才能够最大限度发挥其三大优势。

1. 资源整合优势　拥有良好的行业资源和社会信誉，有能力整合行业优势资源发挥区域行政资源，有能力打造农业区域公用品牌这张"产业名片"。

2. 组织联动优势　拥有良好的区域号召力和行业口碑，有能力组织行业主流企业、产业上下游和全社会参与联动，共同造势共同推广，有能力扛起农业区域公用品牌这面"产业大旗"。

3. 品牌引领优势　能够主导或协调区域优势企业、优秀特色农产品品牌，以及产品营销、渠道建设及品牌宣传等资源，可以快速协调品牌联动、搭建品牌矩阵，最大限度发挥区域内产品价值、产地价值、产业价值及文化价值合力，实现"产业金牌"的农业价值塑造。

另外，根据农业区域公用品牌打造的阶段性原则，如果确实在当时条件下难以选择合适的运营主体，也可以采用"先推广，再过渡"的方式。政府主管部门前期先主动承担品牌管理运营职责，同时积极组建行业协会、股份公司或邀请龙头企业进行运营模式设计。待条件成熟，再将管理运营权逐步转移给新的运营主体。关于农业区域公用品牌的运营模式，见表 7-1。

表7-1　农业区域公用品牌常见运营模式对比与品牌关系分析

运营模式	政府（部门）主导型	协会（商会）主导型	国企（市场化股份公司）主导型	龙头企业主导型
决策主体	政府	协会（或政府）	企业（或政府）	企业
运营主体	主管部门	协会	股份公司	企业
监督主体	主管部门	协会或主管部门	自身或主管部门	主管部门
品牌拥有者	主管部门	协会	股份公司	企业或主管部门
常用品牌模式	背书品牌模式	背书品牌模式	背书品牌模式或母子品牌模式	单一品牌模式或母子品牌模式
模式优势	资源整合能力强；组织力、号召力强；品牌公信力强；品牌推广力强	资源整合能力强；企业凝聚力强；组织力强；品牌公信力强；市场敏锐度高	资源整合能力强；品牌公信力强；政策把握准，政策落地强	市场敏锐度高
可能出现潜在风险	市场敏锐度低；外行指导内行；企业凝聚力低；市场灵活性差；追求政绩，急于求成，浪费资源；决策监督一套班子，易滋生腐败现象；影响公平竞争	协会资源有限，权力有限，号召力低；小企业跟风，大企业调不动	行政思维过强，导致市场灵活性降低；政府任命企业负责人，专业能力及管理能力有限；企业凝聚力低；浪费行政资源	品牌公信力低；品牌推广力弱；违反公共性原则；影响公平竞争
适用范围	市场化、品牌化程度低的领域或产业培育期	市场化、品牌化程度相对高的领域	市场化、品牌化程度低或特殊资源领域	产业链短，品牌集中度高，龙头企业拥有绝对优势
参考案例	洛川苹果、平谷大桃、泰山茶、熊本熊	安溪铁观音、阳澄湖大闸蟹	韩国"正官庄"高丽参、天府源	新西兰"佳沛"奇异果、德州扒鸡、"好想你"

187

主 要 参 考 文 献

韩志辉，2012. 狂吃十万亿 [M]. 北京：机械工业出版社.

韩志辉，2017. 品牌农业大革命 [M]. 北京：中国农业出版社.

韩志辉，刘鑫淼，2017. 农业区域公用品牌价值战略 [M]. 北京：中国农业出版社.

韩志辉，雍雅君，2017. 价值再造 [M]. 北京：清华大学出版社.

韩志辉，雍雅君，2018. 双定位：品牌战略体系创新思维 [M]. 北京：清华大学出版社.

刘鑫淼，2018. 农业品牌如何实现价值升级 [J]. 农产品市场周刊 (11)：42-44.

刘鑫淼，2020. 如何看待我国农产品区域公用品牌模式 [J]. 农产品市场周刊 (8)：18.

中国农村杂志社，2019. 百强品牌故事：中国百强农产品区域公用品牌故事汇 [M]. 北京：中国农业出版社.